[美]索尼娅·蕾妮·泰勒(Sonya Renee Taylor) | 著　[美]凯特·布伦南(Cait Brennan) | 插画　牛斐斐 | 译

女孩青春期
成长指南

上海社会科学院出版社
SHANGHAI ACADEMY OF SOCIAL SCIENCES PRESS

献给我的表妹妮娅。愿你和所有女孩在这样一个世界成长——一个你能够悦纳自己的荣耀的身体，无须为自己的身体感到羞耻的世界！

目录

序 言 ... i

前 言 ... iii

第一章 光彩照人的你! ... 1
　　什么是青春期？ ... 2
　　身体的发育与变化 ... 11

第二章 身体的变化 ... 19
　　身高与体重 ... 20
　　毛发与皮肤的变化 ... 28
　　身体健康基础知识 ... 38

第三章 乳房与文胸 ... 47
　　全新的身材：乳房的发育 ... 48
　　我需要买件文胸吗？ ... 54

第四章 你的肚脐以下 ... 63
　　私密处的毛发：阴毛 ... 64
　　阴道的变化 ... 67

第五章　月经 ...73

月经究竟是什么？ ...74

做好准备 ...74

经期个人护理 ...83

第六章　给身体加点燃料 ...99

营养 ...100

运动 ...106

睡眠 ...110

第七章　情感与友情 ...119

高低起伏的情绪 ...120

流水般的友情 ...124

第八章　家与其他安全港湾 ...133

找到友善的耳朵 ...134

必须征得同意 ...136

不要议论身体 ...137

你有隐私权 ...138

同辈压力与青春期 ...139

结　语 ...142

词汇表 ...144

更多资源 ...148

附　录 ...155

致　谢 ...157

序 言

生命中仅有少数的事情确定无疑，其中之一就是变化。此时此刻，世界各地正在发生变化。此时此刻，我们的身体正在发生变化。

索尼娅·蕾妮·泰勒（Sonya Renee Taylor）的这本新书正是为处于青春期、身体正在发生变化的女孩量身定制的。关于青春期的对话往往会陷于冰冷生硬的窠臼，但阅读此书不会有这种感觉。

在这本书中，你不仅可以找到所有关于青春期的重要且实用的医学知识，还会对青春期身体发生的惊人变化有全新的了解。索尼娅会回答一些你可能压根就没有意识到的问题，或者一些你想问却又不知道如何开口的问题。在书中你会读到：当你发育得比其他女孩都快的时候该怎么办；当你对身体的这些变化感到无所适从的时候可以找谁倾诉；在下一次（或第十次）月经到来之前需要做哪些准备。索尼娅在书中使用的语言通俗易懂，不带任何价值判断或者自我怀疑。

索尼娅发起的运动不是为了某一个体，而是为了所有人。她敢梦敢想，她所做的工作就是让我们每个人都能认识到：在悦纳我们的身体、做独一无二的自己的过程中，没有所谓错误的方式。她创作本书的目的就是让你了解身体发生的变化，告诉你有哪些策略可以应对这些变化，并且爱上这些变化。父母、监护人以及女孩们都能在阅读此书时感受到索尼娅坚定的声音，她反复提醒我们：应该去享受这段有时让人困惑却总是令人激动的属于你的青春时光。

生殖健康教育专家

美国性教育咨询与治疗协会（AASECT）认证性教育讲师

比安卡·I. 劳雷亚诺

（Bianca I. Laureano）

前 言

你知道吗？接下来我将与你分享一些"头等机密"。你准备好了吗？好，那我就开始了。你有一个身体，它可不是普普通通的身体，它妙不可言。你问我是怎么知道的？因为所有的身体都妙不可言，这其实根本不是机密。每个女孩都应该站在世界之巅大喊："你好，世界！我的身体妙不可言！"

拥有这妙不可言的身体应该让你感到自豪。你也许注意到身体在发生变化，变化可以产生很美妙的感觉，但有时也会给我们带来一些困惑。在成长过程中，不仅我们的身体会发生变化，我们的感受以及与他人的关系也会发生变化。在变化发生的时候，产生一点儿疑问是再正常不过的事情。我写作本书的目的正是为了帮你解答些许疑问，那些关于自己华丽变身的疑问。

如果你并未注意到身体发生的变化,那我真是万分激动地想和你谈谈你的身体。这听起来也许有点儿奇怪,但这是因为我非常乐于帮助大家了解为什么要爱自己的身体。这得从我 15 岁的时候说起,从那时起我就已经成为同龄人中的"教育者",帮助同班同学以及其他十几岁的青少年了解如何为自己的身体做出明智的决定。多年来,我所从事的工作也聚焦于帮助人们过上更健康的生活。几年前,我创办了一家叫作"身体非我之耻"(The Body Is Not An Apology)的公司,旨在帮助人们学会如何爱自己的身体,并致力于建立一个能为每个人过上美好生活提供其所需的世界。每天我都在努力提醒全世界的人们,每个身体都充满魅力!

自公司成立起,我开设工作坊,教人们如何自爱。参加工作坊的有上至 88 岁的老人,下至 8 岁的儿童,他们拥有形形色色的身体:高的矮的,肥胖的苗条的,不同种族的,带有残疾的,如此多样却又酷劲十足。大家的身体各不相同,但是每个人的身体都具有独特的美感和力量。如今,已经有数百万人访问过"身体非我之耻"的网站,并决定抛开羞耻感,切切实实地爱自己的身体。我希望读完本书后,你们也能做好准备去做同样的事情。

你知道人们为什么怕黑吗?因为在黑暗中他们无法看

到正在发生的事情。不要做一个摸黑走夜路的"夜行者",对于青春期以及你的身体在接下来的数周、数月乃至数年要发生的变化浑然不知。知识就是力量,了解身体的变化会让你成为自己身体的专家。我知道你拿起这本书是想要自己好好了解关于青春期的知识。但是,当你读到不理解的部分或者有些内容你想更进一步的了解,我强烈建议你与一位值得信赖的大人探讨这些问题。你是个美丽、聪慧、充满能量的女孩,你对自己的身体以及自己的生活充满自信。这一切不会因为青春期的到来而改变。如果说青春期能改变什么,我觉得它是一个让你的身体变得更有力量、让你更具自信的机会。你问我为什么这么说?因为你即将成为自己身体的专家。

在本书中,我们将讨论在青春期和身体变化过程中你可能遇到的一些关键问题。首先,我们会谈谈什么是青春期(在青春期身体会出现正常的变化,标志着你将从一个小孩变成一个大人)。接下来,我们来聊聊在这段时间你可能会经历的一些身体上的变化,先从小的说起(嗨,这些毛毛怎么会在这里?),然后会说到一些更大的变化,比如乳房的发育以及月经。我们甚至会聊到你该如何探索关于健康、幸福、情感以及隐私之类的问题。在每一部分,我们都会特别强调哪些身体上的变化是需要注意的,还会分享一些小贴士，让你知道在变化产生的时候该如何照顾好自己的身体。此外，书后还附有词汇表，帮助你理解那些可能让你觉得比较陌生的词汇。

青春期是一段惊心动魄的时光，充满了能够让你更好地了解自己身体的机会。当我们掌握了正确的信息，我们就完全能够在成为一个大人的路上所向披靡。当然，我们不可思议的身体也完全能够帮助我们成就无比绚烂的人生！

第一章
光彩照人的你!

....

　　你是一个能干自信的女孩。你问我是怎么知道的?因为你生来如此。无论看起来什么样,所有女孩都能量满满,都拥有成为光彩照人的成人的全部要素。青春期也许会让你的身体发生很多变化,但青春期不应改变你的认识:你璀璨夺目、光芒四射!

　　接下来我们会聊聊那些你需要了解的关于青春期的事。

什么是青春期？

　　一些大人搞得青春期像是女孩主演的充满了戏剧性的电影。你是不是也看过这样的影片？妈妈尖酸刻薄地评价女儿的身体，女儿要么夺门而出要么泪流满面？是不是特别刺激？在青春期，你也许会经历焦灼难熬的日子，但青春期绝非充满戏剧性的电影。青春期是我们身体发育的自然阶段，是每个人必经的一段生命之旅。你可以把它理解成一次激动人心的火车旅行，但它绝非一部高潮迭起的冒险片。如果你了解你将去向何方，青春期会是一次精彩的旅程。从女孩到女人，我们的身体会发生诸多美妙的变化。

此时也是你去关注、去了解这所有变化的绝佳时机。

青春期意味着什么？

青春期被定义为"一个年龄或年龄段，在这期间男孩或者女孩的身体逐渐发育成熟，开始具有生育能力"。生育——也就是生孩子——是长大成人之后的事情。青春期并不意味着你的身体已经具备了生育条件，此刻你的身体正在发育、成长，为有朝一日成为一名母亲做准备。在青春期，你的身体从儿童期向成人期过渡。这听起来真是大事一桩！的确如此！但不必担心，因为青春期并非在一夜之间突然发生。你可能已经注意到自己身体发生的一些变化，实际上青春期是一个过程，它还要持续好几年，这期间你的身体将给予你足够的时间去适应。因此，好好享受这段旅程吧！

会有怎样的变化？

对于大多数女孩而言，青春期大约从8岁或者9岁开始，通常会持续到16岁左右。有些女孩开始得早些，有些晚一些。每个女孩的身体都不尽相同，你的青春期会在最适合你的时间开启。

青春期会带来很多变化。有些变化很小，很容易习惯，而有些变化却非常大。你的身体非常聪明，它知道为了帮助你成为一个大人要怎样做，你要记住这一点。接下来，我们会聊聊青春期身体将发生的一些变化。

天然的化学物质

一进入青春期，你的身体就会开始释放新的荷尔蒙——这种化学物质会帮助你启动身体所有的变化，这些变化你将在青春期一一经历。

身体的发育

进入青春期，你会注意到身体最先发生的一些改变，其中之一就是你的身体开始发育，速度之快让你觉得不太习惯。你也许会长得更高，身体曲线更加明显，更加丰满（尤其是臀部和腿部）。当然，这些变化会因人而异。

乳房的发育

在青春期，女孩生理上一个最大的改变就是乳房的发育。在经历这又一奇妙旅程时，你会发现每个女孩乳房发育的速度和乳房的大小都不相同。乳房的形状、大小都因人而异。通常，一只乳房会比另一只乳房发育得更快。乳

> ♥ 你并不孤单！♥
>
> 就在你看这本书的时候，全世界有 8.99 亿的女孩正处于 0 到 14 岁之间。这就意味着有 3 亿的女孩即将踏上青春期之旅。此刻，地球上另一端的某个女孩正在经历你所经历的一切。即使在如此广袤的星球上，你也不是独自一人面对青春期。

房大也好，小也好，都没什么关系。并不是哪种罩杯的乳房就一定比其他罩杯的乳房更好。不管你的乳房发育得飞快还是慢吞吞，对你的身体而言这都是最好的节奏。

私密处的毛发

你可能注意到身体的一些部位长出了毛发，比如你的胳肢窝，外阴处以及维纳斯丘（又称阴阜，就在你下腹部耻骨联合处的三角形区域）。长在生殖器部位或者私密处的毛发我们称之为阴毛。如果你发现胳膊上或者腿上的毛发变得浓密，颜色也变深，不要担心，这也是青春期旅程的一部分。

顺其自"流"

在青春期,你的身体会产生新的液体。这意味着你会觉得皮肤变得有点油(这通常是青春痘产生的主要原因),你出汗比之前出得多。后续我们会谈到一些让我们保持干净、舒爽的办法。首先,我们要知道的是这些变化都是大多数女孩在青春期经历的变化。

月经[1]的到来可能是青春期一个最重要的标志。在许多文化中,月经来临的日子是女孩生命中非常特别且重要的时刻。但在另一些文化中,它只是发生在我们身体上发生的一件有趣的事情。有些女孩月经初潮(即"第一次来月经")的时候,内裤上可能只有少量淡淡的血迹。不过,如果月经量大一些,也是很正常的。经血的颜色可能是鲜红色或暗红色,甚至是红褐色。因为我们每个人的身体各不相同,我们的月经自然也会不同。

在月经来之前或者说是在两次月经之间,你也许会发现内裤上有一些透明或白色的液体,我们称之为"白带",这也是非常正常的。在后续的章节中我们还会进一步谈到它。

---

[1] 英文menstruation,也有人称之为"大姨妈""好/老朋友"等。——译者注

用心感受自己的情绪

青春期你的身体会发生很多显而易见的变化。同时，身体内部也在经历很多看不见的有趣变化。其中一个变化与你的情绪有关。在青春期，随着年龄的增长，你会承担更多的责任和压力。当面对这些责任和压力时，身体分泌的荷尔蒙可能会让你的情绪大起大落。当需要同时经历身体以及外部环境带来的新变化时，你会变得比较情绪化。你会产生各种各样的情绪——愤怒、悲伤、挫败感、疲惫。有时，这些情绪甚至还会在同一天中出现。你要对自己好一些，耐心一点儿。你的身体正在经历一次巨大的转变，所以一定要努力加倍爱自己。

这正常吗？

在青春期，面对身体发生的所有这些变化，女孩们最常问的一句话就是"嗨！这正常吗？"我可以直截了当地回答这个问题："是的，这很正常。"在人生这一重要时刻，你的身体会获得新的感官体验以及新的功能。身体迅速发育或是身体外形发生的改变都会让你觉得不同寻常。你甚至会不太喜欢身体发生的一些变化。这都非常正常。

此刻，你身体发生的变化和其他女孩在这个年纪发生

★ ★ 恰当用词很重要 ★ ★

你也许注意到了这本书里很少用到"美丽"这个词。这个世界上有许许多多美丽的事物，比如：鲜花、海洋、玫瑰色绮丽的夕阳。但是，除了美丽之外，还有更多赞美女孩子的字眼，它们并不侧重于女孩的外表。聪明、亲切、有趣、一个很好的朋友、一位认真工作的人、一个能做出美味的花生黄油果冻三明治的女孩——这些只是其中很少一部分词语。这些词语所能表达的内涵比"美丽"这个词要丰富得多。你可以想到哪些美好的字眼来夸赞一下无与伦比的自己呢？

的变化是相似的。你的身体之所以特别是因为它是你的身体。换言之，"和别人不同"这本身就挺正常的。你越是相信自己的身体，愿意倾听身体的声音，你就越容易了解哪些事情是特别值得注意的。举个例子吧，如果你在这段时间身体感到疼痛或者不舒服，你就应该立刻把你的情况告诉一位你信赖的大人。

每个人的身体都绝妙无比

艺术家格伦·玛拉（Glenn Marla）说:"世上没有所谓'不好'的身体。"这句话真是无比正确。在青春期，无论你的身体发生怎样的变化，请一定要记住你的身体是上天赐予你的礼物，它是独一无二的。

当然，你可能并不总会觉得自己的身体是珍贵的礼物。事实上，你有时可能会问自己一些十分尖锐的问题，比如:

"即使我比班上最高的男孩子还高5厘米,我的身体依然充满魅力吗?"

"为什么我是班上体重最重的那个人?"

"为什么我不愿穿得像其他女孩一样?我倒是更喜欢戴棒球帽,穿运动衣!"

"为什么我总觉得自己怪怪的,就是和别人不一样?"

无论在青春期你觉得自己有多么格格不入,有一件事是不容否定的:你的身体绝对完美!没有人可以成为你。"你就是你"让你如此特别。女孩们身体的形状、尺码、颜色以及能力都不相同,但是没有谁好谁坏之分。

身体的发育与变化

从呱呱坠地到现在,你的人生历程中仅有一个时期同现在一样,身体会经历巨大的变化——那就是你还是一个小宝宝的时候。青春期不意味着你将长大成人,它只是你成长历程中一个新的阶段。为了照顾好正在发育的身体,这一时期你需要了解各种各样新的知识和信息。青春期的列车正准备开往第一站。

青春期开始的标志

你可能会问自己:"天哪!我怎么才能知道自己已经进入青春期了呢?"答案就是:聆听来自身体的声音——身体会释放出一些信号,告诉你青春期的旅程已经开启。

在你觉察到身体发生变化之前,许多变化已经在你体内悄然发生。卵巢,这个分泌荷尔蒙的器官会率先拉响青春期列车的汽笛,这预示着身体的其他变化将一一到来。这个时候,你会变得更高,身体曲线也更加明显。身体迅速成长的这个阶段,我们称之为"快速生长期"(growth spurt)。在第二章,我们还会进一步聊到这个时期。

紧接着……乳房初长

还记得我们刚刚说过吗,卵巢分泌的荷尔蒙预示着身体将踏上青春期这趟列车。是的,身体的荷尔蒙已经向你的乳房发出了开始发育的指令。最初,你会感觉胸部有点儿酸痛或是触痛,并发现乳头下方有个硬硬的包块。这个包块会让乳头周围颜色较深的一圈(我们称之为"乳晕")看上去更大或是有些蓬蓬的。我们把这个硬硬的包块叫作"乳蕾",它释放出乳房发育的第一个信号。

接下来……阴毛生长

乳房发育后的一段时间,阴毛开始生长。但有些女孩会在乳房发育前,先长出阴毛。请记得每个女孩的身体都是独一无二的。因此,不论怎样,你的身体变化对你来说都是最完美的。最初,你可能会发现胳肢窝以及外阴部长出稀稀疏疏的细细毛发。最终,这些毛发会颜色变深,变浓密,有时候还会卷曲。在第四章,我们会讲到如何给予私密处的毛发最适当的照料。

月经快来吧

通常,一旦你的乳房开始发育,阴毛开始生长,就预示着你快要来月经了。有些女孩月经初潮比较早,在9岁或者10岁左右。有些女孩会晚一些,有时候甚至要到15或者16岁。在学校里,女孩子可能会喋喋不休地议论谁的月经先来。可是,我们的卵巢不会赛跑,月经也不会比赛。不论第一次月经什么时候来,对你的身体而言,都是最佳时间。

体毛增多

青春期,身体的很多地方会长出毛发。一开始,些许浅浅的毛发会从你的胳肢窝、腿上以及私处冒出来，很快它们会变得浓密，颜色也会加深。有些女孩可能在8岁或9岁就开始长出体毛，有些则在月经初潮以后。你可能听过一些女孩谈到脱毛（shaving）。脱毛是你个人的选择，你有权决定对身体做什么或不做什么。关于是否要剃除体毛，我们在第二章还会继续提到。

青春期时间线

如果你正坐在家里，数着青春期来临前每一个消逝的时刻，那么你可能要等上一阵子了。因为，青春期有属于

自己的时间表。不过，这不妨碍你了解一下青春期大概的时间表，它会告诉你身体的这些变化通常从什么时候开始。下面就是这张列车时刻表。但是，请记得：这趟列车有它自己的安排，有时它会到站早一些，但也常常会晚点。不论时间早晚，对你而言都是最好的时间。

7-11 岁：你的身体开始分泌荷尔蒙，预示身体其他变化将要发生。

9-14 岁：你会长出乳蕾，乳房开始发育。

9-15 岁：月经初潮来临。一般在乳房开始发育后的一到两年间，女孩会出现月经初潮。许多女孩在 12 到 13 岁之间第一次来月经。有些女孩比较早，在 9 岁左右；有些女孩月经会晚一些，在 15 岁左右。如果到了 16 岁还没有来月经，你就需要与你信赖的大人商量一下，去医院看看医生。

10-16 岁：阴毛开始显现。一些女孩子在七八岁左右就可能长出阴毛。在这段时间，腋毛及腿毛会变得浓密，颜色也会加深。

15-16 岁：这个时期通常是青春期的最高潮。你的身高基本上已经接近你的成年身高，乳房也可能已经发育完成。如果你的月经规律的话，它的造访频率是一月一次。

但是，通常这个阶段女孩的月经会不太规律。我们后续会讲到。

要记得哦，青春期有它的倔脾气，除非已经做好准备，否则它绝不会提早一秒钟到来。这没什么大不了的，就好好享受当下吧。不管明天身体是否发生变化，都请开心面对吧！

变化知多少？

你可能会有这样的问题，比如："我到底会长出多少毛发呢？"或者"我的胸部是会很大还是很小呢？"很不幸，这些都无从得知。你的身体有自己的安排。身体变化会有多快？身体最终变成什么模样？这些只有你的身体知道。此刻，你所要了解的只有一点，那就是你的身体正在与你一起努力，帮助你成长为一位充满活力的年轻女孩。你与你所爱的身体共同踏上青春期旅程。旅程结束后，你会如现在一样爱自己的身体，也许你会更爱它呢！

第二章
身体的变化

· ·

　　既然你对青春期已经有了些许了解，也知道在青春期的旅途中会遇到什么，那么就让我们更深入地聊聊在这段奇妙、不羁的时间里，你可能会经历的身体上的具体变化吧。在旅途中，你最值得带上的"行李"就是自信和勇气。今天，你的身体是如此完美。无论身体如何变化，在整个青春期以及之后，它将依然完美。让我们一起来探索这激动人心的变化蕴藏的奥妙吧！

身高与体重

在上一章的最后,我们聊到:只有你的身体知道青春期之后它会变成什么模样,而你是无从知晓的。身体为什么会掌握这些机密呢?答案是:基因。

所有人都携带着基因。它决定着你目前身体的模样,以及青春期以后身体的模样。你是高是矮,是重是轻,你的瞳孔是迷人的褐色还是摄人心魄的绿色,这些也都是由基因决定的。地球上的每个人都有一套"基因组序列",并且每个序列都各不相同。

尽管每个人都拥有独一无二的"基因组序列",但通常我们的基因与我们的家族基因类似。这也许能提供一点点线索,让我们预见青春期以后自己的样子。如果你们家族里大多数女性都身材娇小,那你成为大高个的概率不会很大。同样,你的发色、乳房大小以及体重也与家族基因有关。

但是,这不代表你的身体会和家族成员的身体百分百相似。你的基因有它的"独家秘方",它将塑造一个独一无二的你。

快速生长期

在青春期,你会变得更高大、更强壮。新买的衣服很快就穿不下了,之前可不会有那么快!身体迅速成长的这段时间叫作"快速生长期"。这一时期,你的胳膊、腿、脚和手都会变得更大。有那么一小段时间,你也许会觉得自己像初生的长颈鹿宝宝一样,要学会驾驭长长的肢体。像它们一样,你很快就会习惯身体的变化。

究竟多快？多高？

青春期的身体发育通常持续4到8年。身体其他部分的变化会发生在几个发育高峰期之间。举个例子，约有85%的女孩会在第一个发育高峰期之后出现"乳蕾"。接着，阴毛和青春痘会接踵而至。在这些变化出现后不久，你很可能再次经历一个发育高峰期。通常，这次你的身高变化最为明显。在短短几个月里，女孩们就能长高5到8厘米。一般而言，月经初潮后又会出现一次较大的发育高峰期。这次，女孩们可能会再长个3到5厘米，但再长个8厘米的可能性很小。

哎哟！身体会痛吗？

别担心，你的身体已经为这次旅程做好了准备。在这段个子猛窜的时间里，一些女孩会经历"生长痛"。事实上，生长痛并不是长个（大多数骨头的生长是在睡梦中进行的）导致的，而是常见的肌肉疼痛，通常间歇发作。医生们并不清楚生长痛的原因。在临睡前做一下运动，比如拉伸，能够帮助你减轻身体的不适。

保证充足的睡眠，适当的运动以及健康的饮食，对减轻青春期的诸多不适反应都大有帮助。同样，这些好习惯

★★ 摄入充足的钙 ★★

在发育高峰期，确保骨骼健康强壮非常重要。如何悉心照料正在生长的骨骼？从饮食中摄取充足的钙是最佳方式之一。钙元素能够让骨头更强韧。如果身体缺钙，到了晚年你可能会面临一些严重的骨骼问题。医生说女孩在9到18岁之间，为了让骨骼强壮，每天要摄入4种高钙食物或者饮料。牛奶富含钙质，所以喝牛奶是为骨骼补钙最简单的办法。不过，补钙的方式不止喝牛奶一种，比如羽衣甘蓝、花椰菜、酸奶、沙丁鱼也都是高钙食品。

也有助于减轻生长痛。后续我们还会仔细聊聊一些健康的生活习惯。现在，你知道了生长痛是身体生长发育过程中一种正常的生理现象。但是，如果你的关节（膝盖、脚踝或是肘部）出现剧烈疼痛的话，那就一定要告诉大人了。

脊柱侧弯，务必要告诉大人！

在青春期，你会发现身体会发生很多新变化。其中大多数都是女孩们在十几岁左右身体会经历的典型变化。但是，偶尔身体也会亮起红灯，提醒你它发生了更严重的问题。当这些问题发生时，请一定要告诉大人。

一些年轻人会发现，当身体快速生长时，他们的脊柱会发生侧向的弯曲，像个S形。我们把这种问题叫作脊柱侧弯。有些脊柱侧弯比较容易发现，因为它会让你的身体向一侧倾斜，或是让你的肩膀显得一高一低。学校里的护士或者儿科医生都可以帮你做脊柱检查。大多数的脊柱侧弯都是轻度的，并不需要任何治疗。但有些需要通过辅助手段或手术治疗进行矫正。为进一步了解脊柱侧弯，你可以咨询学校护士、医生或是其他你信赖的大人。

体型和体重的变化

青春期的列车一路向前，途中会经过一个站台，叫作"体型和体重的变化"。记住喽，青春期后你要穿多大码的衣服，你的体型会变成什么样，只有身体知道，而你是无从知晓的。如果能好好照顾自己的身体，你可以帮它成为你的最佳拍档。

太多信息对女孩的身体品头论足,太多信息评价女孩的身体"应该"看起来如何。不过,这些全是愚蠢的信息,因为我们都拥有独一无二的身体,我们无须看起来和别人一样。在本章的开头,我们谈到过你的基因决定着你拥有什么样的体型。你或许会像你的阿姨一样娇小苗条,不过也可能像你的奶奶一样高高胖胖。你的基因掌握着身体的头号机密,也就是说你的身高和体重可能会和家族里的某个人相似,但也可能和他们完全不一样。

到了青春期,你会发现自己的臀部和大腿会变得更加柔软圆润。也许,你还会发现自己的腰肢变得更细,上臂和背部的脂肪增多。通常,体重和体型的变化和身高变化

第二章 身体的变化

的时间线一致：你变得更高的同时也会变得更重。体重增加有一部分原因是你的乳房也在增大。在青春期，想要保持健康强健，最好的办法就是吃各种各样健康新鲜的食物，以及做一些有趣的健身运动。这对保持健康和良好的体型会有帮助。

爱或不爱，脂肪都在那里！

有些人在嘲弄或是挖苦人的时候会使用"肥"（fat）这个字眼。显然，有人忘记告诉他们，所有的身体都是好的身体。

正因为如此，"脂肪"[1]（fat）才落了个坏名声，变得不招人待见。这太可怕了，因为每个人的身体都需要脂肪。在青春期，不仅肌肉要增长，脂肪也要增长，这样身体才能健康成长。有些人的身体天生就比其他人的要重一些。你的身体需要一些脂肪，才能顺利度过青春期。

为什么脂肪如此重要？因为脂肪可以帮助大脑正常思考，帮助内脏器官正常运作，让头发健康生长，使得视力保持良好。脂肪的作用还远不止这些！缺乏脂肪，身体就

---

[1] Fat在英文里既可以做形容词，表示"肥胖"，也可以做名词，表示"脂肪"。——译者注

★★ 节食？别！千万别！★★

尽管节食对身体不好，我们每天还是能从电视上或者是杂志上看到铺天盖地的节食广告。你可能会疑惑，既然节食不好，为什么还会有人一直告诉我要节食呢？当然是为了钱喽！那些做广告、兜售节食产品的商家，通过吸引消费者购买那些他们压根并不需要的产品，赚了许许多多的钱！

节食对年轻女孩来说危害特别大，你无法摄取到青春期所需的充足的营养物质。如果你担心自己的健康，你可以咨询学校护士或者医生，他们可以帮你检查心脏、肺、血压以及其他健康指标。现在也有一些网站，是关于"健康不限体型"(being healthy at every size) 的。我在书后列出了部分网址。

无法获得青春期所需的足够能量。如果身体脂肪含量过低，还会引发各种各样的问题，比如：骨骼脆弱，头发受损、缺乏光泽，以及器官衰竭。因此，让我们一起停止抹黑"脂肪"吧！

第二章 身体的变化

给身体一个爱的抱抱!

就像电视及杂志上的许多广告,它们都在不遗余力地告诉女孩"胖"是不好的,一些信息会说,女孩的胸部一定要大,曲线必须要明显,这样才是"真正"的女孩。这真是太荒谬了!没有什么所谓"真正"的女孩!你觉得自己是个女孩,那么你就是一个女孩!你的基因,让你与众不同的基因,会决定你是瘦小还是瘦高。天生就瘦的女孩和身材曲线分明或是丰满的女孩一样美丽。没有哪种身材就比其他身材更好一说。无论如何,你的身体正在成为它想要成为的样子,一个对你来说完美的样子!

毛发与皮肤的变化

青春期,不仅体型和体重会发生变化,身体的其他部分也在发生变化。你也许会注意到其他的一些变化。

呀!我变成毛茸茸的啦!

毛发的生长以及颜色是由你的基因所决定的。(基因多像是一个爱发号施令的小家伙呀!对吧?)所以,你不必总是纠结它们到底会长成什么样。既然基因都已经帮你预

设好了,那你就多花些心思想想看,如何保养好自己的头发和皮肤吧!

头发

广告中,女人们甩动着长而飘逸,又富有弹性的头发。不过,你可千万别被骗了!大多数女孩的头发可不是这样的。头发,就像女孩子们一样,也是各不相同的,有短的、长的、细软的、毛躁的、小卷卷、爆炸头、直发、大波浪、棕色、红色、黑色、浅金色、栗色、铜棕色、桃花心木色、金黄色、草莓色……真是不胜枚举。

头发各式各样。不同发质的护理方法也有所不同。举个例子，如果你是细软的直发，很容易出油，你可能要勤洗头，比如每隔一天洗一次头。如果你是干燥的小卷卷或者是爆炸头，频繁洗头会引发头皮屑（头皮上脱落的死皮或皮屑）或是让头发容易折断，一周清洗一次头发对你来说会更好。

无论你是哪种发质，都要确保头发是干净的，而且要每天梳头。为了找到喜欢的洗发水以及护发素，你可能需要尝试一些不同的品牌。但是，没有必要花大把钱在洗发水和护发素上面。贵有时候并不代表更好。网络上有许多用纯天然方法护发的视频，这些视频可以帮助你找到最适合自己的护发流程。

身体的"皮草"

在青春期，大多数女孩最先观察到的身体变化是"乳蕾"的发育。但约有15%的女孩在胸部变化前，先长出阴毛。体毛的多少以及体毛的部位因人而异。通常，阴毛与身体其他部位已经长出来的毛发相似。也就是说，如果你头发的颜色较浅，体毛的颜色也会较浅；如果你头发的颜色较深，体毛的颜色也会较深。你的毛发可能浓密、稀疏、细软、粗糙，这些都取决于你的基因。

它们都在哪里呢？

你也许会最先察觉到毛发从胳肢窝以及两腿间的维纳斯丘（下腹部耻骨联合处，那里的软软的皮肤）冒出来。细细的毛发也许还会出现在你的胳膊和腿上。有些女孩的乳房上也会长出体毛，不过这并不多见。体毛甚至还会长在女孩的唇部、背部和下巴上。是的，体毛会出现在身体的任何地方，这很正常。毕竟我们人类是哺乳动物，而所有的哺乳动物都是有体毛的。

剃除还是保留？这是个问题。

你可能听很多人说过他们会去脱毛。是否要剃除身体的体毛，这件事儿完全取决于你自己。无论你做何选择，都别忘了身体长出体毛是青春期自然而然发生的事情。如果你不愿意剃除体毛，那你就完全不必要这么做。剃除体毛和节食有点类似，商家投入大量广告费用，就是为了让你去买他们的脱毛产品。他们希望你从现在开始就剃除体毛，这样的话，你就永远也离不开剃毛膏和剃刀了。

还有一点需要注意，一些人选择剃除腋下的体毛是为了减轻汗臭味。青春期身体分泌的荷尔蒙有可能让你出更多的汗，但是汗液本身是没有味道的。当汗液与藏在腋下或是两腿之间毛发中的细菌混在一起,才会产生一些味道。剃除体毛并不是对付身体气味的唯一方式,我们稍后会聊到一些消除体味的其他办法。如果你已经打定主意要剃除腋毛,你可以找一个你信赖的大人聊聊,让她帮你挑一款好的剃刀和一款保湿的剃毛膏。要确保剃刀是新的,以防剃除毛发的部位长出小疙瘩或是红疹。对了,可别忘了,毛发从剃过的地方重新长出来的时候,你可能会觉得痒痒的。

皮肤"外套"

你知道吗?你的皮肤是整个人体的最大器官。皮肤把我们从头到脚包得严严实实。在青春期,为了保持光彩照人的形象,你需要给皮肤一些特别关注。不过,也别太担心!保持皮肤健康的关键很简单:补充水分,好好休息,吃健康的食物。

青春痘和黑头

在青春期,女孩们通常会有这样那样的担心,比如她

们会不会长痤疮[2]（也被叫作"青春痘"）。其实，青春期并不会让你陷入整天和痤疮膏以及青春痘打交道的生活中。这段时间，你的脸上有时候确实会冒些痘，但是一套好的护肤流程能把痘痘的爆发次数降到最低。不过，长痘确实是我们大多数人在青春期必须经历的。当身体开始产生荷尔蒙，拉响青春期列车的汽笛，你的身体就会开始分泌更多的油脂。多余的油脂通常会和汗液以及污物混在一起，阻塞你的毛孔（皮肤上的一个个小窗口）。毛孔阻塞会引发

---

2 痤疮俗称青春痘，是一种毛囊皮脂腺的感染性炎症。痤疮的表现从轻到重是白头黑头粉刺、炎性丘疹和脓疱、囊肿和结节。——译者注

> ♥ 你并不孤单！♥
>
> 青春痘是成长过程中很常见的生理现象，大约有85%的青少年都会长青春痘。你看几乎每个人都会长痘，是不是特别普遍？

青春痘和黑头。

每天用温和的洁面产品洗脸，后续用保湿的护肤品能够帮助你赶走脸上大部分的细菌，细菌也是青春痘的诱因之一。如果痘痘发得比较厉害，你也许要和大人一起去药店买些祛痘药膏。买的时候，要确保产品是无油的或不含皂基的，这对你的皮肤比较好。

有时候，痘痘会严重到药店里的药膏都没办法控制。如果你的青春痘很严重，一直不见好转，那就该让大人带你去看皮肤科医生了，医生会给你开一些药效更强的处方药。

晒太阳的快乐

每个人的皮肤都需要阳光，不过到底需要多少取决于你的皮肤类型。阳光照在我们的身上，这让我们感觉好极了。但是身体过度暴露在阳光下对一些皮肤类型来说危害非常大。如果你的肤色较浅较白，那你一定要每天涂防晒霜，因为紫外线很容易穿透你的皮肤，并引起皮肤灼烧。不论你是什么皮肤类型，不涂防晒霜，皮肤长时间暴露在阳光下都会导致严重的皮肤疾病，比如皮肤癌。

去买一只SPF（防晒指数）30+的防晒霜吧。记得要防水哦！即使不去游泳，你也一样会出汗，你可不想让防晒霜被冲掉吧！

如果你的肤色较深，阳光可能不太容易穿透你的皮肤。也就是说，你不太容易被晒伤。不过，深色皮肤的人想要从阳光中吸收营养，特别是维生素D，也会比浅色皮肤的人困难一些。所以，你可能需要经常晒晒太阳。即使皮肤颜色不深，但是可能由于宗教或文化原因，你要经常戴着头巾或者是用衣服把全身都遮盖起来，那就要找机会让身体晒晒太阳啦！身体以后会感谢你的！

不同的肤色

女孩们肤色各异。你的皮肤可能是淡粉色、深棕色，或者是介于两种颜色之间的上百种色调中的一种。皮肤颜色的差异取决于你的祖先来自哪里。如果你的曾曾曾曾曾祖父来自较寒冷的地方，比如欧洲，你就会拥有偏白、偏浅的肤色。如果你的祖先来自较热的地方,比如非洲,中东或是一些岛国,如萨摩亚、波多黎各,你的皮肤有可能呈棕色或深棕色。

一些人会花上许多钞票和时间,试图去改变肤色。有些女孩喜欢小麦色的皮肤,她们会花大把的时间去晒太阳或是去"美黑沙龙",而有些女孩又觉得皮肤白更好看,因此去买很多美白产品。持续美黑或是美白都会损伤皮肤。干吗非要美黑或美白呢?你的皮肤本来就很美,不是吗?

疙瘩,水疱,疣……哦,好吧

青春期,我们的身体会发生很多的新鲜事儿,可能会让你大吃一惊或是觉得有点儿怪异。其中一件事儿与我们身上的病毒相关,它们原本在我们身上睡大觉,可是现在却醒过来了,然后就开始引发一些问题和症状。这也是我们青春期之旅的一部分。你可能会发现以前从来不长疙瘩的地方长出了小疙瘩,有时会长在胳膊或腿上。这些疙瘩有可能是由人乳头瘤病毒(HPV)导致的。因为HPV会通过皮肤接触传染。这些病毒之前就已经生活在你的身上了,但直到最近才开始露出"蛛丝马迹",就是身上的那些小疙瘩。如果你发现身上长疣,一定不要去拔、抓或者摩擦,那样会让病毒传播,身上的疣会越长越多。要告诉大人,并让他们帮忙去药店买点祛疣的药。如果疣长在你的私处，就要让大人带你去看医生了，医生知道怎么处理最好。

还有一种狡猾的病毒叫作单纯疱疹病毒（HSV-1），它们有时候也会静悄悄地潜伏在我们身上。它们会引发口唇疱疹——长在上下唇或口角的细小水疱，会让人极不舒服。口唇疱疹也是具有传染性的，所以不要用手去碰或者揪。由于这种病毒一直在我们的体内，口唇疱疹会在青春期的几年里反反复复。为了防止病毒感染或是经常患上口唇疱疹，请不要与患有口唇疱疹的人共用口红或是润唇膏、牙膏，或是分享饮料。你也要远离暴晒、压力，以及橙子、柠檬等酸性食物，它们都会诱发口唇疱疹或是让疱疹加重。如果你患上了口唇疱疹，你可以去药店问问看有没有什么可以涂在嘴巴上加速疱疹愈合的药。如果你的口唇疱疹经常复发，并且很疼，那就要跟大人商量商量，去医院看看医生，医生会给你开一些处方药。

臭臭的我

一天，当你到处跑着玩后回到家里，或许会说"怎么有股味道？"，然后你发觉那味道居然是从自己身上发出的，你才知道原来自己有体臭了。青春期，身体分泌的荷尔蒙增多，而且腋下、脚上都会长出新的汗腺，这会让我们有时候闻起来有点儿臭。体臭也是青春期的一部分。如果我们养成良好的卫生习惯，就能让自己闻起来像一朵芬芳的玫瑰花！

每天，我们的身体都会流汗，会滋生细菌，所以我们每天都要洗个澡。要特别留意把你的腋下、脚和生殖器部位清洗干净。你可以买各种各样的香体剂或止汗剂，来消除腋下的味道。香体剂不能抑制排汗，它只是让汗水不发臭。许多人都对香体剂含有的化学物质过敏，因此不要过度使用香体剂。止汗剂则会抑制身体出汗，所以止汗剂只能用于腋下。出汗是人体必需的生理功能。不出汗，身体就会变得过热，甚至会生病。

身体健康基础知识

青春期的旅途中，你的身体在不断发育和变化，因此需要你一路悉心照料。要照顾好自己的身体，最好的一个办法就是让它知道你是多么爱它。接下来，让我们一起来看看一些身体保健的基础知识，它们能帮你成为自己美妙身体的好伙伴。

常开笑口

成长意味着乳牙脱落,巨大的臼齿"搬进"你的嘴巴。好了,开个玩笑而已,其实并没有很大了!不过乳牙掉落,恒牙长出来,这是事实。恒牙今后可是要陪你一辈子的,所以从现在起就开始好好保护你的恒牙吧。

为了拥有健康强壮的牙齿,你每天至少要刷两次牙,还要养成每餐饭后使用牙线的好习惯。如果不坚持刷牙和使用牙线,牙齿就会长牙菌斑和牙垢。不好好刷牙,一段时间后你会感觉到牙齿表面结了一层坚韧的膜,这就是牙菌斑。牙菌斑的出现是由于躲藏在口腔里的细菌在捣蛋。如果不能及时清除牙菌斑,时间长了,细菌还会引起口臭和其他口腔问题,如牙结石。长期沉积的牙菌斑会钙化形成硬质的牙结石,它会进一步引起牙齿发黄和蛀牙。

保证每次刷牙时间不少于两分钟,这能够让我们免受牙菌斑和牙结石的困扰。为了保持牙齿的健康,还要尽量避免吃含糖食物或者饮料,比如碳酸饮料、果汁、糖果,它们都是导致蛀牙的罪魁祸首。

一定要让大人至少每年带你去专业的牙医那里做一次牙齿清洁,并让医生帮你决定是否要戴牙套或做其他的口腔治疗。从现在起就养成良好的口腔习惯吧,这对你的一生都大有好处（还能延长我们牙齿的寿命呢）！

牙套

进入青春期后，如果你发觉自己牙齿排列不齐，或者咬合过度或过少，你可能就需要一副牙套了。牙套技术也是突飞猛进。如今，牙套有金属的、隐形的、陶瓷的，有只需要晚上戴的，还有一些牙套搭配了彩色的橡皮筋，颜色超酷，你可以自由选择。戴牙套可以很有趣。如果牙科医生觉得你需要戴牙套，他会推荐你去看专门的牙齿矫正医生。

照顾好耳朵、眼睛和指甲

在青春期，除了牙齿，身体的其他部分也需要你多花点儿心思，好好照顾。

穿孔打洞

你喜欢耳环吗？也许你已经打了耳洞，或者你正在考虑是不是要打一个新的酷酷的孔，就像你朋友的那样。不过，不论是打耳洞还是在身体的其他部分穿孔都是一件大事儿。穿孔看起来很酷炫，但是如果操作不当，便会引发严重的感染。一定要让专业的穿孔师帮你在身体上穿孔，这点非常重要。你要确保穿孔师每次帮你穿孔时用的针都是全新的，所使用的设备是别人从来没有用过的，而且操作中所用到的东西都要消毒。

在耳垂上打洞通常不怎么疼，而且伤口愈合得很快，但并不是身体的其他部位都是如此。身体的一些部位在穿孔后需要很长时间才能愈合，而且比其他部位更容易感染。在做任何穿孔前都必须征得大人的同意。要知道如果没有父母的同意，任何 16 或 18 岁以下的青少年去做身体穿孔都是违法的。

天哪，看看那些眼睛

无论你的眼睛是桃花心木棕、湖水绿，还是在阳光下闪烁着橙色光芒的蓝色，你的眼睛都需要被悉心照料。给眼睛画上眼影，涂上睫毛膏十分有趣。不过，如果不注意的话，它们也会对眼睛造成伤害。如果化了眼妆，每天睡前一定要用温和的眼部卸妆产品把眼妆卸干净，之后再用温水洗脸。带妆睡觉不但对皮肤不好，而且对眼睛的危害非常非常大。

别忘了，青春期身体各部分都在生长发育，眼睛也同样如此。眼睛的快速发育会导致一些视力问题，比如近视。近视的意思是你可以看清楚近处的东西，但是看远处的东西会有问题。如果你发觉看远处的图像比较模糊，必须要眯着眼睛才能看得清楚，或者是你经常感觉头疼，那你可能近视了。你要把你的情况告诉大人，让他带你去眼科医生那里检查一下眼睛。

如果近视了，需要根据医生的验光处方，佩戴度数合适的框架眼镜或者是隐形眼镜。根据你们的年纪，你很可能要佩戴框架眼镜。框架眼镜可以很潮很有型，所以发挥你的创造力吧，你可以选一副带有波尔卡圆点或是条纹的

镜框，或是一副很火的粉色镜框，当然你也可以选一副安全百搭的黑色镜框。不论做何选择，眼镜都是趣味满满、可以尽情表达自我的配饰。

别忘记关心我们的脚趾、双手和晶晶亮的指甲

青春期的列车呼啸而过，一个叫作"手、脚、指甲"的站台很容易被你错过，特别是当沿途有那么多吸引人的"风光"的时候。不过，手、脚、指甲也需要被关注，因为它们的健康会影响到整个身体的健康和舒适愉悦的程度。保持手部卫生能够减少病毒和细菌传播到脸上的概率，从而减少青春痘、感冒以及其他传染病的发病。每次用过洗手间，都要彻底清洁双手。要想消灭手上的病菌，一定要保证洗手时间不少于20秒（一个有用的小贴士：用正常的速度从头到尾唱一遍字母歌需要大约23秒）。

由于青春期中会有新的汗腺开始发育，你还会发现自己的脚开始变得有点爱出汗。汗脚等同于臭脚。为了防止脚臭，最好的办法就是洗，洗，洗。要确保自己每天都换袜子，要把脚擦干，同时还要使用保湿类的护肤品不让皮肤缺水，这样才能让臭味消散。

装点指甲能够张扬个性，表达自我，不过你要先学习一些指甲护理的知识。千万别去咬指甲，这样会让你长倒

刺（甲床周围的皮肤疼痛或是破损），并且很容易发生感染。咬手指甲还意味着那些藏在指甲下面的污垢现在全进了你的嘴巴里……呃，真恶心。让你的姐姐或是大人教教你怎么使用指甲钳剪指甲和打磨指甲，这样指甲才能生长得更健康。不要把指尖打磨得尖尖的，要把指甲修得圆圆的，这能够防止指尖经常断裂。

　　手部美甲和足部美甲都很有趣。选择各种酷炫的颜色能够彰显你的个性，但是你也要很小心，人工甲片会让你自己的指甲受损，变得脆弱，你还可能会对指甲油和卸甲水里的化学物质过敏。跟身体穿孔一样，你要确保美甲师给你美甲或美脚时使用的工具事前都经过了严格消毒。在家自己美甲、美脚也是一件充满乐趣的事情，而且还能帮你省下不少钱呢。

第三章
乳房与文胸

我们现在抵达的这座车站叫作乳房中央车站,它是青春期线路上最繁忙的车站之一。一般我们需要花上几年工夫,沿途经过很多小站之后,才会抵达乳房中央车站。不论何时到站,乳房的发育都是青春期身体经历的最重要的变化之一,你可能也想为此做好准备。那么就让我们一起来看看关于乳房与文胸有哪些你一定要知道的事。当你知道如何照顾正在发育和变化的身体,你就能够充满自信和活力。

全新的身材：乳房的发育

在过去的 8 到 11 年里，你也许已经对自己的身体以及它的样子非常习惯了。虽然你长高了，脚也变大了，但身体如同一件穿过一段时间的毛衣，让你感觉舒适又熟悉。通常，你所熟悉的身体在青春期都会发生巨大的变化，它看起来会和以前很不一样。有些变化非常迅速，你会觉得它好像在一夜之间突然发生了。为避免你某天醒来后纳闷："嗨！我平坦的胸部什么时候变成起伏的小山丘了？"，我们先来聊聊乳房开始发育后究竟会发生什么？

乳房发育这一身体变化仿佛一下子把青春期推到了舞台的正中央，然而它并不会在一夜之间发生。乳房的发育一共分为 5 个阶段，一般会在几年间完成。不管你是即将进入第 1 阶段还是正在第 3 阶段悠游，以下这些内容都是你应该了解的有关乳房发育和变化的知识。

敲黑板，知识点来了

以下是你将会经历的乳房发育的几个阶段：

阶段 1　前青少年期[1]
8 到 11 岁左右

在我们开始讨论乳房如何发育之前，我们要从更早一点儿说起。乳头早就在那儿了，不是吗？乳头是长在乳晕上面（就是胸部颜色较深的一圈皮肤）的两个小点儿。你的乳头可能是扁平的或突出的。有时候扁平的乳头遇到外部冷气的刺激会变得突出——它们可真是敏感的小东西！乳头上有小小的孔，小到眼睛看不见。这些小孔有一天会分泌出哺育婴儿的乳汁。是的，就像奶牛一样，人也能够分泌乳汁。事实上，所有的哺乳动物都能够分泌乳汁。

阶段 2　乳蕾
约 10 到 11 岁半

你还记得第一章的内容吗？我们提到过，乳房开始发育的时候，乳头下方会出现一个硬硬的、约 2 厘米大小的包块，我们称之为"乳蕾"。当乳房组织和乳腺体开始发

---

[1] 前青少年期（Preadolescent）是在幼儿和青少年期之间的阶段。青春期前（prepubescent）和前青少年期（preadolescent）是不同的。青春期前（prepubescent，有时也称为儿童）是指还没有出现第二性征的男孩和女孩，而前青少年期多半是指10到13岁，有时也会定义为9到14岁。——译者注

育,乳蕾就产生了。乳蕾可以很小,小到你都意识不到它们的存在,但是它们会让你感觉胸部有点儿酸痛或是触痛。

如果你感到有一点儿不舒服,不用担心,这只是乳房在做自己该做的事情。你乳房两侧的乳蕾大小可能完全不一样,或者一侧乳房会先于另一侧长出乳蕾。在乳房发育的过程中,不要和朋友进行比较。你的经历是独一无二的,所以不要让别人告诉你,你的乳房"应该"看上去怎么样。乳房发育对于每个女孩来说都是不同的。你的身体知道它在做什么,即使它做的事情看起来和其他身体做的事情完全两样。

阶段3 初绽的乳房
约11岁半到13岁

乳蕾出现后,胸部会长出更多的皮下脂肪和乳腺体。这一阶段,你会发现乳房微微呈圆锥形。同时,你可能会发觉乳晕变得更大,看起来蓬蓬的。这些都意味着青春期列车已经进入了正确的轨道。

阶段 4　火力全开的青春期
约 13 到 15 岁左右

这一时期，你的乳房将不再呈圆锥形，乳房的大小和形状开始接近成年后的乳房。这一阶段，乳房形状的改变主要是受一种叫作"雌激素"（estrogen）的荷尔蒙影响。雌激素是青春期身体的大老板，这个大老板会告诉身体什么时候开始工作，什么时候完成工作。雌激素不仅掌控着乳房，而且还会对青春期的其他方面发号施令，包括月经。大多数女孩的月经初潮发生在乳房发育的第四或第五个阶段。我们很快就会聊到月经。现在呢，你只需要知道来到这个阶段意味着你已处于火力全开的青春期。

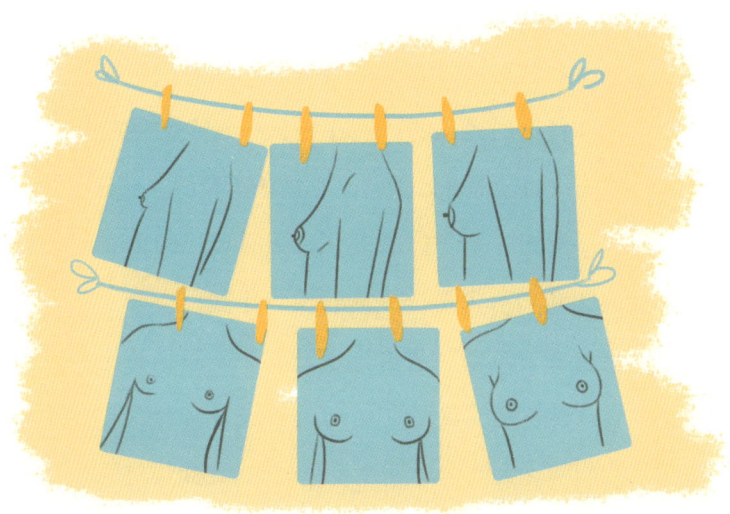

阶段 5　成熟的乳房
约 15 岁以上

阶段 5 是青春期乳房发育的最后一个阶段。这一阶段，乳房已经发育完全，形状和大小也基本上与成年后接近。大多数女孩需要 3 至 5 年时间完成 5 个阶段乳房的发育，但对有些女孩来说，这一过程可能需要 10 年。别忘了，这可是青春期漫长旅途中最重要的一站。

别慌张，你的节奏没问题

现在，你可能会问"我已经 10 岁了，可我还没有到第二阶段呀，这是怎么回事？"或者你会问："哎！等一下！我才 9 岁，怎么我已经到第三阶段了？我是怎么了？"究竟是怎么一回事只有你的身体知道，它掌握着"独家秘方"，控制着身体什么时候该进入哪个阶段，每个阶段会持续多久。身体变化的过程中，保持耐心是很重要的。

不过，密切注意身体的变化也很重要，因为有时候遇到一些问题我们必须要请大人帮忙。比如，有些女孩身体还没有完全做好准备，青春期就开始了，我们称之为"性早熟"或"青春期发育提前"；有些女孩青春期又开始得比较晚，我们称之为"青春期发育延迟"。如果你注意到自己

> ★ ★ 有趣的事实 ★ ★
>
> 50%的女性两侧的乳房大小不一样，一侧大，一侧小。通常，左边的乳房会小一些，但医生也不清楚这究竟是什么原因。

在8岁之前，而身体已经出现了青春期的特征，或者你的年龄已经达到或超过14岁，但是青春期的特征还没有出现，都要告诉你信赖的大人，让他们带你去看看医生，确保你的青春期列车在正确的时间点上。

形状、大小以及各种各样的惊喜

你可能注意到广告、电影、电视剧里充斥着关于乳房的话题。乳房确实很神奇，毕竟它是你身体的全新器官，而且如果有一天你愿意，你可以用乳房来哺育你的小宝宝。这简直太了不起了！乳房之所以了不起并不是因为它们看起来如何，而是因为它们能够做什么。胸大并不比胸小好，反之亦然。

你可能还记得我们在第一章里谈到过，基因决定着我们在青春期里身体将变成什么模样。基因同样决定着我们乳房的大小和形状。你胸部的大小可能像个猕猴桃或者橘子，也有可能像个葡萄柚或者小一点，像个李子。地球上有多少女孩，就有多少乳房的形状和大小，不论你的乳房大小形状如何，对你来说都是最适合的。

我需要买件文胸吗？

无论你是为了参加派对还是由于惧怕什么而需要买人生中第一件文胸，你都要选择一件能够表达自我并且舒适的文胸。关于文胸，你首先要知道的是，并不是每个女孩都必须要穿文胸，有许多女孩和女人并不穿文胸。人们设计文胸是为了让女性在跑步、跳跃、跳舞、做运动或者做一些蹦蹦跳跳的运动时候更轻松一些。也就是说，当你的乳房发育得足够大，它们在衣服里面晃来晃去，或者是当乳房有点儿酸痛或是触痛，你觉得在乳房和上衣之间需要有缓冲物，这时候你才真的需要一件文胸。

如果你感觉穿文胸并没有多大帮助或者是不太舒服，这也很正常。有时候，我们看到电视上的文胸广告或者我们的朋友已经在穿文胸，这会让我们觉得有压力，所以才选择穿文胸。当你感觉做一件事情有压力，那就说明此时

♥ 你并不孤单！♥

乳房发育过程中，许许多多的女性都有过第一次买文胸的经历，对一些女孩来说，这是一个特别的时刻，而对另外一些女孩而言，这并没有什么大不了，她们甚至还会觉得有点儿反感。所有这些反应都是再正常不过的。让我们听听看有过第一次买文胸经历的女性们是怎么说的：

我不太记得第一次去商店买文胸的情形了，但我记得第一次穿文胸的那天，我一整天都不停地把衬衫领子往下拉，好让我最好的朋友们看到缝在文胸前面的那朵小小的玫瑰花。

——苔格瑞丝

我一直求我妈给我买件文胸，求啊求，因为我觉得文胸实在太酷了。终于，等我上了五年级，我妈说是时候给你买件文胸了。她带我去店里，帮我挑了两三件文胸，还买了内裤配成一套，然后我们一起去墨西哥餐馆吃了午饭……我妈特别牛，她总是有办法让一件普普通通的事情变得很特别。

——妮科尔

那时我上四年级，我的胸部发育得特别快，特别大。到了五年级，我拿了我爸的Ａ牌布绷带，我想缠在胸上好让胸变得平一点儿。我妈妈就带我去了商店，让我选自己喜欢的文胸。在上高中以前，我一直都是穿运动文胸。

——艾安娜

可能并不是做这件事情最好的时机。

不过如果你感觉自己是时候买一件文胸了，那就要告诉大人了。

找到合适的尺寸和款式

文胸得有 1000 亿种呢！好吧，这可能夸张了，不过各种各样的文胸确实很多，多到有点泛滥。幸运的是，在青春期初期，你的选择还蛮简单的。许多女孩在乳房发育之初通常都会选择少女文胸（training bra）。少女文胸通常用柔软有弹性的棉布制成，没有钢圈或是海绵垫（这些可以为较大的胸部提供更好的支撑）。少女文胸可能看起来更像是露脐上衣或是背心。你也可以去看看运动文胸，它看起来跟少女文胸类似，但通常会更紧身，因为它是为了运动或者跑步设计的，能够为乳房提供高强度的支撑。事实上，并不是只有运动的时候才能穿运动文胸，在挑选第一件文胸时，如果你想要简单点的款式，运动文胸是个不错的选择。

弄清楚你的胸围

如果你已经处于阶段 3，穿衣服时乳房轮廓已经比较明显了，你可能会想要买一个软杯型文胸（无钢圈）。怎么知

道自己是否需要买一个软杯型文胸呢?最好的办法就是量一下胸围。量胸围能够让你搞清楚自己到底要买什么尺寸的文胸。文胸的尺寸由下胸围尺寸和罩杯尺寸两个尺寸构成。大多数百货商店都有内衣专柜,你可以请销售员帮你量胸围,也可以自己测量胸围。

测量时,将皮尺放在乳房下方和腹部连接的位置,水平环绕胸部一周,得到的厘米数就是你的下胸围尺寸(bandsize)。然后,将皮尺再次水平环绕胸部一周,不过这次要将皮尺放在胸部最丰满的位置,用测量数值减去下胸围尺寸,得到的差值就是你的罩杯尺寸。让我们看一下差值和罩杯的关系:

0-7.5cm=AA 罩杯

7.5-10cm=A 罩杯

10-12.5cm=B 罩杯

12.5-15cm=C 罩杯

15-17.5cm=D 罩杯

17.5-20cm=E 罩杯

如果你的胸围介于两个罩杯之间，那就要买偏大的尺码。因为你的发育速度很快，买稍大的文胸很快穿起来就会正合适，买小了很快就不能穿了。如果你是 A 罩杯或者 A 罩杯以上，那你就可以买一件软杯型文胸（书后附录有更多文胸尺码的介绍）。

有些文胸是有钢圈的，钢圈能够给较大的乳房提供更好的支撑。不过，因为你刚开始发育，现在还没必要穿有钢圈的文胸，选择穿有弹性的文胸吧！

当你去买文胸的时候，你可能想挑选跟你肤色相称的颜色，这样穿衣服时就不用担心文胸的颜色透出来了。如果你的肤色较深，深色文胸在白衬衫里面就不会像白色或浅色文胸那样明显。如果你的肤色较浅，你可以选择和肤色较为接近的浅色文胸。

文胸该怎么穿？

背扣、肩带、罩杯，天哪！想要弄清楚怎么穿文胸好像有点儿复杂。没有人天生拥有这项特殊技能，所以别怕张嘴，去找你的妈妈、姐姐，或者其他你信赖的大人帮忙。

一般来说，文胸穿戴方法有两种。第一种是身体向前倾，胳膊穿过肩带，将乳房放进罩杯中，然后身体站直，反手把文胸的背扣扣上。你需要确保文胸的围带正好位于肩胛骨的下方（有些文胸是前扣式的，穿起来会简单一些）。

如果你觉得反手扣背扣很难，可以选择第二种方法，把文胸里子朝外倒着拿，然后把文胸围在身上，罩杯朝着后背，这样你就可以从前面扣好背扣。接下来，把文胸转一下，罩杯朝前，把文胸穿上。之后，你可以调整肩带，让文胸穿起来更舒服。如果觉得背部太紧或者太松，那就再调整一下背扣。

该做和不该做的事

哇哦，关于青春期"乳房"站，我们分享了那么多内容。如果你觉得脑袋有点儿晕，别担心，你可以经常回过头看看这个章节。关于乳房和文胸，我列了一个清单，都是些很重要的内容，要记住呀。

应该：记住你的身体是独一无二的。对你的身体而言,你乳房发育的节奏就是最好的节奏。

不该：听信他人,他们坚称比你还了解你的身体。

应该：买一件舒服合身的文胸。

不该：觉得自己必须穿文胸,但你的身体还没做好准备。

应该：自己量胸围或是让别人帮你量胸围,这样你才知道自己究竟该买什么尺码的文胸。

不该：什么事情都想自己一个人搞定,问问大人可能会更好。

应该：忽略电视和电影上那些关于乳房的言论,它们大多都是错的。

不该：和其他的女孩比较乳房或身体其他部分。你们的基因完全不同,你的基因棒极了。

应该：相信你和你的身体。实际上,你是自己身体的专家。

第四章
你的肚脐以下

在前几章,青春期的列车已经在中途停靠了几站。从快速生长期到乳房发育,我们讨论了许多与青春期有关的话题,不过在旅程结束前,我们还会经过几个站点。青春期,有一处身体的变化并不是那么显而易见,至少没有外部变化那么明显,它就是你小内内里面私处的变化。让我们一起看看会发生什么!

私密处的毛发：阴毛

之前我们花了一些时间，聊了聊青春期体毛的增长，包括胳膊上、腿上以及腋下的体毛。还有一个部位将长出更多的体毛，那就是你的生殖器。乳房发育以后，阴毛开始生长。也有一部分女孩（大约15%）在胸部还没有任何变化之前，外阴及腋下会先长出稀疏的毛发。

你的身体会决定身体发育的先后顺序。为了更好地了解阴毛，你应该掌握私处各部分的名称。关于私处，人们有很多种叫法，使用这些叫法没什么问题，不过搞清楚它们的学名同样重要。下面是一些女性生殖器的学名及它们的释义，掌握它们会让你成为私处专家。

外阴：女性生殖器官的外露部分。
阴阜：下腹部耻骨联合处，被皮肤和柔软的脂肪覆盖。
阴唇：外阴处内、外两层皮肤皱襞（bì）。
大阴唇：外阴处外层皮肤皱襞。
小阴唇：外阴处内层皮肤皱襞。

我们后续还会讲到女性生殖器的其他组成部分，你已经知道了生殖器一些非常重要的组成部分的学名，现在，

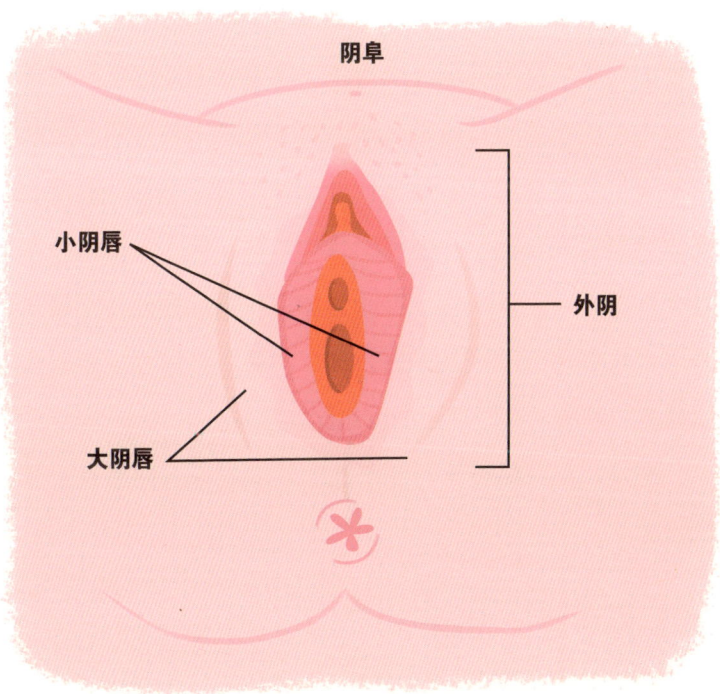

我们就聊聊阴毛吧。刚开始,阴毛细软稀疏,但随着时间的推移,阴毛会变得浓密,颜色也会变得更深。阴毛的多少和其他部位的毛发相一致,包括头发,尽管大多数人的阴毛比头发更硬更粗糙。通常,阴毛首先从你的阴阜和外阴处长出来,等到阴毛全部长出,它的轮廓将呈倒三角形。

阴毛的保养

同身体其他部分的毛发一样,阴毛也需要保养。不过别担心,私处毛发的保养很简单。之前我们聊过,阴毛或者腋毛处的细菌和汗液混合在一起会产生一些气味。控制这些部位的体臭和汗液的最佳办法就是每天冲澡,要留心把这些部位完全擦干,再穿上纯棉内裤。棉布纤维上分布着细细的孔,可以帮你保持身体凉爽干燥。另外,不要在外阴部位使用芳香产品,因为这些产品所含的化学物质会引起皮肤刺激,有时甚至会引起皮肤感染。

洗澡,把身体擦干,穿干净的内衣是保养阴毛最重要的步骤。

游泳衣及其他衣服

如果担心穿泳衣的时候阴毛露出来,你可以考虑买一套带平角短裤的泳衣。平角短裤能包裹住大腿根,所以它能更好地遮挡大腿根附近的阴毛。如果是穿紧身衣的话,你可以拿一只指甲剪,把靠近衣服比基尼线附近的阴毛修剪掉。有些人会使用剃刀剃除阴毛,不过如果你是第一次使用剃刀,一定要让大人帮忙,因为如果不小心的话,你会划破皮肤,或是发红疹、长小疙瘩。有些人会使用蜜蜡脱毛,利用蜜蜡的黏性把毛发连根拔掉。呃……好疼啊!别忘了阴毛是青春期自然而然的一部分,无论是用剃刀还是用蜜蜡脱毛其实都没有必要。你能够爱自己的身体，你也同样能够爱自己的体毛。

阴道的变化

阴毛并非青春期开始后生殖器发生的唯一变化。在我们详细探讨这些变化之前，我们先来看看生殖器其他组成部分的学名和它们的释义。

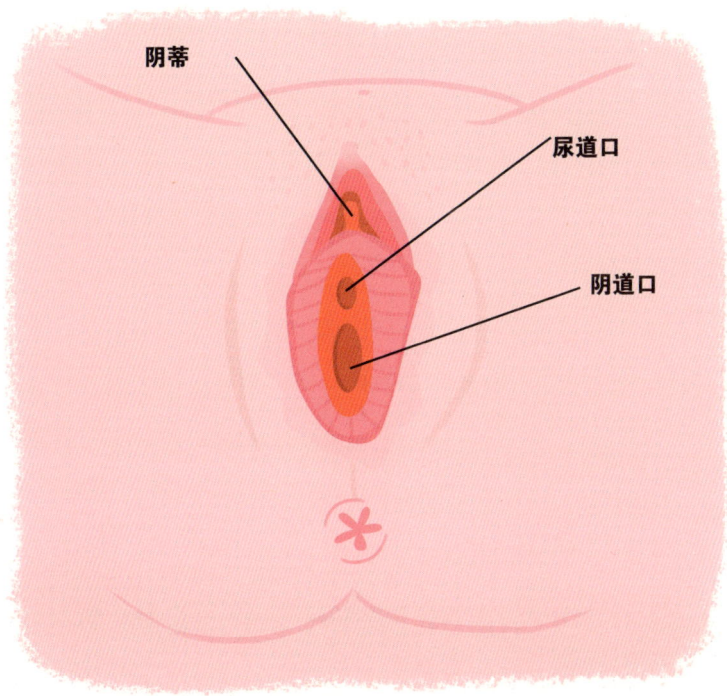

阴蒂：位于小阴唇前方汇合处附近的小小突起，是非常敏感的部位。

尿道口：位于阴蒂下方的小孔，尿液通过尿道口排出体外。

阴道：连接体内生殖器官的开口和通道，阴道分泌物、月经都经由阴道排出，婴儿娩出也须经过阴道。

了解这些词汇有助于你了解青春期身体即将发生的变化。

阴道分泌物

月经初潮前大约六个月到一年的时间里，你可能会注意到内裤上开始出现白色或淡黄色的物质。我们把这种物质叫作阴道分泌物，或者白带，它也是青春期之旅的一部分。

由于身体的荷尔蒙水平升高，阴道开始分泌黏液，它向身体发出信号：你的月经即将开始。想知道阴道有什么令人吃惊的本事吗？告诉你吧，阴道的自净作用很强。太酷了，对吗？

阴道分泌物是阴道腺体分泌的液体，它能够冲洗掉阴道不喜欢的细菌。它的黏稠度和颜色会在一个月内随着月经周期的不同阶段变化，有时候很少又稀薄，有时候又变得黏稠、呈淡黄色。当粘在内裤上的分泌物干了以后，颜色可能会成浅棕色。颜色稍微有些改变是很正常的。从青春期到成年，阴道分泌物将一直跟随我们，等到我们上了年纪月经终止（我们称之为"绝经期"），它通常会减少或终止。

做个"白带"侦探

阴道分泌物可以向我们透露很多信息，告诉我们每个月的各个阶段身体内部都在发生什么。如果你能够搞清楚什么阶段什么样的白带算是正常的，就能弄明白什么阶段什么样的白带是不正常的。了解自己的身体是照顾私处最好的方式。

淡黄色白带：上完厕所发现卫生纸上或内裤上有淡黄色的白带很正常，特别是在月经初潮前的一年左右，事实上，这种类型的白带在向我们释放信号，告诉我们身体正在为月经初潮做准备。

白色黏稠白带：这种白带通常出现在月经的头和尾。如

第四章 你的肚脐以下

果白带呈凝乳状小碎块,像松软干酪的样子[1],这时你一定要告诉大人,因为你有可能出现了阴道炎症。

透明拉丝白带：这种白带意味着你正处于排卵期——身体排出一颗卵子。

透明水状白带：这种白带会出现在月经周期的任何一个阶段。当身体处于比较活跃的状态,比如说运动过后,你会发觉透明水状白带会增多一点儿。

深黄色或绿色白带：这种颜色的白带可能是炎症所致,所以一定要让大人带你去看医生。不过,别担心,大多数这类炎症在用药之后很容易被治愈。

褐色白带：出现这种白带通常表明阴道正在自净,它在排出月经之后残留的淤血。

白带通常会有点儿味道,这很正常,但如果白带呈绿色或深黄色、或发痒、或有灼烧感、或疼痛,不论是哪一种,都说明你可能出现了炎症或感染。炎症并不代表你做错了什么事,阴道是很敏感的部位,很容易发炎。使用芳香产品,穿湿乎乎的游泳衣,或者穿紧身的衣服太长时间都会引起发炎或者感染。了解怎样的白带是正常的有助于

---

[1] 中文习惯称这种白带为豆腐渣状。——译者注

你发现问题。如果你发现白带异常，可能有炎症出现，一定要告诉大人或者去看医生，他们能帮你找到解决问题的最佳办法。

　　一些女孩不喜欢两腿之间湿乎乎的感觉或是白带偶尔留在内裤上的痕迹，那就可以使用护垫。护垫呈条状，薄薄的，上层表面为棉质。护垫贴在内裤裆部不仅可以吸收水分，还可以保持内裤清洁（我们在第五章会讲到更多保持内裤清洁的办法）。一定要记得啊，穿干净的纯棉内裤，每天洗澡是照顾外阴、阴道以及私处其他部分的最佳方式。

第五章
月经

　　你的身体在不断成长的过程中发生了许多变化。目前为止,你已经知晓在青春期乳房会发育,将来哺乳婴儿的时候乳房将分泌乳汁;身体一些部位会长出新的毛发;由于身体的荷尔蒙水平升高,白带开始出现,它是阴道自净的方式。身体这些大的变化都是为青春期列车驶入旅途中最大的一站所做的准备——月经初潮要来了。

月经究竟是什么？

月经的出现表明身体正在发育、变化，为有朝一日怀孕做准备，当然是在你愿意的情况下。世界各地关于月经的俚语有很多，多达五千多种，比如：月经、大姨妈、赤潮、女士的日子、每个月那几天、红海、每月来客、自然母亲、红月亮。

你可以看出来，这些叫法有些积极正面，有些有趣搞怪，不过有很多人就简单地把它叫作月经。

我们之前提到过，在许多文化当中，月经来临的日子是女孩生命中非常特别且重要的时刻。但在另一些文化中，它只是发生在我们身上的一件有趣的事情。不管你觉得它是重要还是有趣，都没有关系。最重要的是，我们要知道月经期间会发生什么，以及你该如何照顾好自己的身体。

做好准备

如果我们把青春期比作一趟美好的火车旅行，那么享受这趟旅行的关键就是你需要做好准备。在准备过程中，有很多关键步骤，而你已经迈出了其中关键性的一步——阅读本书，获得关于青春期的准确信息。你并没有道听途说，听信学校里某位同学转述给你的，她从姐姐那儿听来的，姐姐从阿姨那儿听来的，阿姨从商店里某位女士那儿听来的，关于月经的那些事。现在，让我们一起来学习更多关于生殖器官的专业名词和释义，了解这些词汇有助于你更好地理解青春期旅程中身体内部发生的变化。

子宫：位于下腹部的中空的器官，形状像倒置的梨形。怀孕时，受精卵着床于子宫内壁，发育成婴儿。

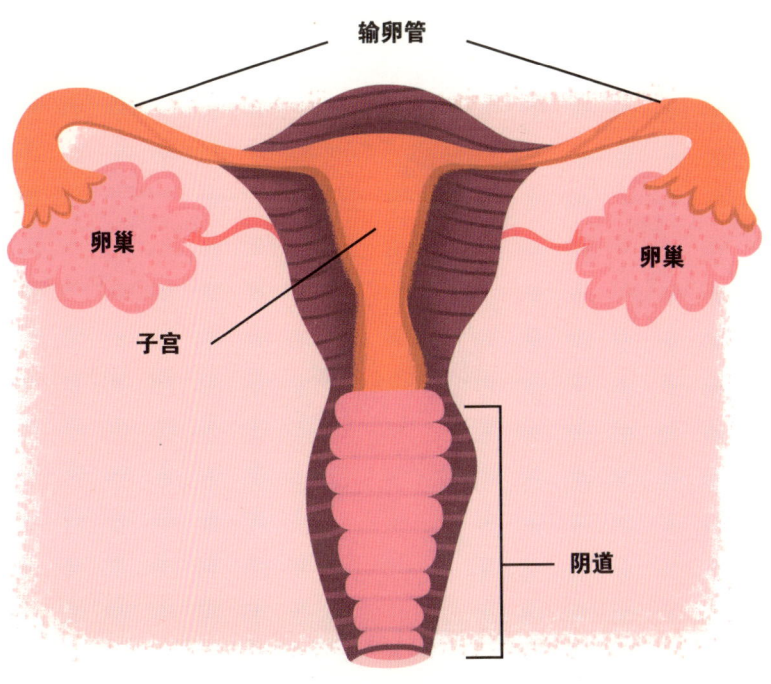

第五章 月经

卵巢：一对囊状器官，是产生、排出和储存卵子的地方。

卵细胞：储存在卵巢中的生殖细胞[1]。

输卵管：一对细长的管道，卵巢内的卵子经输卵管到达子宫。

排卵：卵子由卵巢排出，进入子宫，等待受精。

雌激素与卵巢

自青春期开始，你的身体就一直在为月经的到来提前做准备，它释放出一系列荷尔蒙，保障青春期列车的正常运转。现在，为了迎接月经，身体将释放两种强大的荷尔蒙：雌激素（我们在之前提到过）和黄体酮。这两种荷尔蒙发出讯号，告诉身体是时候驶入"月经"站了。

月经周期

月经来潮是一个月经周期的开始，这个周期通常约28天，也就是差不多一个月一次。从这次月经来潮的第一天算起，到下次月经来潮的第一天，即为一个月经周期。虽然月经周期平均约28天，但是你的周期比28天长或短都是正常的。在一个周期里面，所有的生殖器官都在荷尔蒙

---

1 卵细胞成熟后为卵子，每个月经周期只有一个卵细胞发育成熟。——译者注

> ★ ★ **有趣的事实** ★ ★
>
> 你知道吗？从你出生的那刻起，卵子就一直住在你的卵巢里。她们一直期待着有一天成为一颗受精卵，慢慢变成可爱的宝宝，或者是接受月经派对的特别邀请。

的帮助下一起努力工作，为有朝一日孕育宝宝做准备。从怀孕到生宝宝，身体要做许多工作，因此不管有没有孕育新生命，身体都会按部就班地做准备。

每个月，大脑都会向卵巢发送指令，命令卵巢分泌雌激素。卵巢位于子宫两侧，大小跟玻璃弹珠差不多，卵巢里住着上千个小小的卵细胞（你的卵子）。雌激素将命令其中一个卵巢释放出一颗卵子，卵巢释放卵子的过程叫作排卵。

输卵管、子宫和阴道

卵子离开卵巢后，它会顺着其中一条输卵管一路向下进入子宫。这可不是一次短途旅行，走不到 3 厘米的路，卵子就得花上 3 天或者更长时间。如果你跟卵子一样那么丁点儿大，也许也会走得很慢很慢。当卵子沿着输卵管一路向下，你可能一如往常去上学，和朋友一起打发时间，做家务以及做作业。这时身体里的黄体酮会使子宫内膜[2]增厚，子宫所含的蛋白质也会增加，从而为受精卵的到来做准备。受精卵会在子宫内壁上着床，吸收营养物质，并进一步发育成宝宝。如果卵子没有受精，子宫内膜将脱落一部分，内膜上的血管破裂，和卵子一起顺着阴道排出体外。月经期间，子宫将脱落的部分内膜排出体外，新的内膜又重新生长，一个新的周期又开始了。人体可真是神奇啊！

经期有多长？我什么时候会来月经？

你什么时候来月经？这是一个秘密，只有你的身体才知道。大多数女孩在乳蕾出现后的两年半左右，或者白带出现后的六个月左右经历月经初潮。然而，有些女孩月经来得早，有些女孩月经来得晚，从9岁到16岁都有。无论你的第一次月经何时出现，对你的身体而言都是最好的。

经期（每次月经持续的时间）也由你独一无二的身体决定。月经初潮时，经期很短，一般三天左右就结束了，

---

2 子宫内膜是指构成哺乳类子宫内壁的一层物质。子宫内膜分为功能层和基底层两层，功能层受卵巢性激素影响发生周期变化而脱落，基底层不受卵巢性激素影响，不发生周期性的变化。——译者注

♥ 你并不孤单！♥

"丹妮丝已经来月经了。呃，我是不是要等到100岁才来月经啊？"

就在此时，世界各地上千个女孩都在跟自己进行类似的对话，在房间里来来回回地跺脚，想着自己可能是整个学校最后来月经的那个女孩。你要知道：女孩们总是爱和朋友比较第一次来月经的时间，为这事过分担心，结果却白白浪费了很多时间。女孩们第一次来月经的时间各不相同，这取决于她们的基因以及家族史，大自然母亲会做出最好的决定。对每个女孩而言，月经列车都有自己的时刻表，无论它何时进站，都是最好的时间。

你的内裤上可能会沾上一些粉红色、浅红色或褐色的血迹。当月经规律以后，经期可能会持续两到七天。在月经初潮后的一段时间，经期很有可能不太规律，有时需要长达六年的时间你的月经才会变得规律。火车旅行令人激动，不过可能会有点儿慢！

我会流多少血?

有些女孩出血量多,有些女孩出血量少,有些女孩出血量时多时少。即使有些女孩出血量大,觉得好像每次自己都流很多血,大多数女孩每次月经的出血量也就两汤匙左右,有些多一些,有些少一些。有些女孩的经血中夹杂着血块,一团一团像果冻一样。这听起来有点儿恶心,不过血块是正常的。

肚子会痛吗?

月经是子宫肌肉收缩挤压子宫内膜并使其脱落的过程。肌肉收缩会让你的下腹部有痉挛的感觉,当肌肉收缩时,有些女孩感觉不到什么,但有些女孩会觉得不太舒服。毕竟,你并不是每天都会使用这些肌肉,一个月才用到那么几天而已,因此有时这些肌肉会感觉酸痛,就好像你走了很长一段路,爬上一个陡峭的山坡,第二天大腿肌肉可能会感觉有些酸痛一样。许多缓解大腿肌肉酸痛的办法也可以让你的子宫肌肉感觉更舒服,比如:在肚子上放一块加热垫,洗个热水澡,或者轻轻地按摩一下肚子。

然而,如果你在月经前或者月经当中感觉肚子非常疼(比如:痛到难以下床或是撑不到学校放学),这时候一定要向你所信任的大人求助。也许你应该把这事儿告诉医生。毕竟，我们没必要非得承受自己无法承受的痛苦。

月经和经前综合征（PMS）

你的身体非常聪明，它会释放信号，好让你知道月经就要来了。这些信号并不那么有趣，但是它们让你知道你的身体已经调到了高速挡，准备迎接接下来艰苦而又重要的工作。在月经来潮前的一个礼拜或是几天，你可能会感到乳房酸胀，变得有点儿情绪化，感觉下腹重重的或是胀胀的，有时候还会出现痉挛痛。这些症状被称为经前综合征（PMS）。

许多女孩会经历经前综合征，有许多办法能够帮你减轻症状，健康饮食是最佳办法。每个月新的子宫内膜的生成都需要许多营养物质，因此摄入大量健康食物至关重要。含有钙（酸奶，牛奶等）、铁（绿叶蔬菜以及红肉）、膳食纤维（谷物）以及大量维生素（新鲜水果和蔬菜）的食物对整个月经周期都大有好处。做一些低强度的锻炼和运动也有助于缓解经前综合征。

经血有气味吗？

经血的确有些轻微的味道，但你穿着衣服，没人能闻得出来，除非你告诉他们你来月经了，否则不会有人知道。我们之前了解到，每天洗澡以及换干净的内裤有助于减少私处的细菌和气味，在经期同样如此。勤换卫生巾或卫生棉条（参见本章"如何使用卫生巾"相关内容）也能够帮你在经期保持清新、舒爽。

月经的跟踪记录

如何知道下一次什么时候来月经呢？做跟踪记录是其中一个方法。月经周期从这次月经来潮的第一天（第一天出血）开始，到下一次月经来潮的第一天结束。月经周期

平均为 28 天，但是有些长达 45 天，有些短至 21 天。你可以在日历上把这次经期的每个日期都用爱心标出来，月经结束后直到下次月经到来，计算一下从这次月经的第一天（第一颗爱心）到下次月经的第一天一共多少天，这个天数就是你的月经周期。在最初的一段时间里，你的月经周期会不太规律，所以月经周期的天数可能会有变动。你也可以使用手机应用或者是网站做记录，这样你就知道下次月经什么时候来（相关链接见书后的"更多资源"）。

不论月经初潮何时来到，当它到来的那天，都要击掌庆祝一下。你的身体付出了惊人的努力才迎来了这一天！

经期个人护理

哇！关于月经信息量实在太大了！不过我们还没讲完，我们已经知晓经期身体会经历什么，现在再来讲讲"每个月那几天"的护理及个人卫生。我们先来了解一下卫生巾、卫生棉条等经期用品，它们能帮你轻松度过经期。

卫生巾、卫生棉条及其他卫生用品

女性经期卫生用品多种多样，但最受欢迎的两种是卫生巾和卫生棉条。卫生巾和卫生棉条都具有吸收经血的功能。

卫生巾呈长方形，背面有黏胶，贴在内裤裆部，吸收从身体里流出的经血。卫生棉条则是细长的圆柱体，用棉花以及其他材料制成，放置于阴道内吸收经血。月经杯也是一种经期卫生用品，用塑料或橡胶制成，置于阴道内收集经血。有些女孩偏爱卫生巾，有些偏爱卫生棉条，有些只用月经杯。不过有些女性在月经期间会用到这三种卫生用品。要花些时间多加尝试，你才知道哪种卫生用品最适合自己。

去哪儿买呢？

大多数药店、商店以及所有卖身体护理产品的地方都售卖卫生巾或卫生棉条。月经杯可能会有点儿难找，价格也贵一点儿，可以找大人帮忙购买。月经杯不需要像卫生巾和卫生棉条一样经常更换，如果保养得当，月经杯可以用上好几年。这样一来就很划算了。

针对月经期间的不同流量，如大流量、普通流量和小流量，卫生巾和卫生棉条有不同型号对应不同的吸收力。当然，女性经期用品生产企业还会生产其他类型的产品，他们当然希望你买得越多越好。

如何使用卫生巾？

卫生巾是用棉花、塑料以及其他材料制成的，用来吸收从身体流出的经血。卫生巾的背面有黏胶，我们把黏胶一面贴在内裤上，再压紧，防止卫生巾移位。千万别不小心把有黏胶的那面朝上……天啊！好疼！

卫生巾贴好后，你就可以把内裤穿上，然后去做自己的事情了。一天里你可能要换几次卫生巾，更换频率要根据你的经血量来确定。卫生巾型号不同，吸收力也不同。

下面是一份快速入门指南，帮助你了解自己该用哪种型号的卫生巾以及多久换一次卫生巾。

白带及极小流量： 这些日子里使用护垫就行，你应该**每4小时左右或者根据自己的需要**更换护垫。

小流量至中流量：这些日子里可以使用普通型或超薄型卫生巾（最常用的卫生巾类型）。你应该**每 3 至 4 小时或者在你觉得有必要时**更换卫生巾。

大流量：在月经量大的日子，大吸量型、加长型或夜用型卫生巾都是最佳选择。即使你的月经量并不大，在睡觉的时候使用夜用卫生巾也能让你感觉更舒服。白天里，你应该**每 2 至 3 小时或者根据自己的实际需要**更换卫生巾。**夜用卫生巾通常可以整晚使用，到早晨起床以后再更换。**

有些卫生巾带有两只"翅膀",我们把它们称为护翼。位于卫生巾两侧的两小片护翼具有黏性,可以裹住内裤,使卫生巾更好地固定在内裤上,防止经血侧漏,弄脏内裤。

如何丢弃用过的卫生巾?

用过的卫生巾需要丢掉,但是不能直接扔进抽水马桶,否则会阻塞下水道。如何丢弃卫生巾呢?正确的做法是把卫生巾卷起来,卷的时候要让卫生巾有黏性的一面朝外,把它卷得紧紧的,用卫生纸包好,然后丢进垃圾桶。如果你家里养宠物狗,一定要把卫生巾丢进狗狗没法打开的垃圾桶里,狗狗看起来很喜欢使用过的卫生巾。

一些企业会生产可洗涤、可重复使用的卫生巾。书后的"更多资源"部分列出了相关网站,你可以上网了解更多有关天然的可重复使用的卫生巾。

如何使用卫生棉条?

许多女孩想等她们大一些后再使用卫生棉条。使用需要放进身体里的卫生棉条,对于一些刚来月经的女孩来说可能还没做好心理准备或是有些抗拒。不论做何选择都没有关系,你知道什么选择对自己的身体最好。

卫生棉条的形状像圆柱体,由棉花及其他材料制成,能够在经血还没有流出身体之前吸收经血。它的尾端连有一根长长的棉线,当你需要更换卫生棉条的时候,只需要拉着这根线,棉条就从身体里滑出来了。因为棉条可以在经血还在体内的时候就把它们吸收干净,因此当你游泳或者做其他运动的时候,使用棉条而不是鼓鼓囊囊的卫生巾会方便很多。你可不想带着卫生巾泡在泳池里吧,它可以吸收血液,当然也能吸收泳池里的水,这太不舒服了!

同卫生巾一样,不同型号的卫生棉条吸收力也不尽相同,你可以根据经血流量的大小选择不同的型号。

细型 / 轻量型: 这种型号适合在经血量非常小的时候使用。如果你是新手,初次使用卫生棉条,选择这种型号会比较好,因为它们更容易被推进身体。

常规型: 这种型号适用于普通流量,也是我们最常使用的型号。

大吸量型: 这种型号适用于经血量大的日子,你可能偶尔会用到这种型号,但是不建议新手使用,等操作熟练了以后再用吧。

超大吸量 / 终极吸量型: 这种型号适合在经血量特别大的日子使用,同大吸量型棉条一样,等操作熟练了以后再用吧。

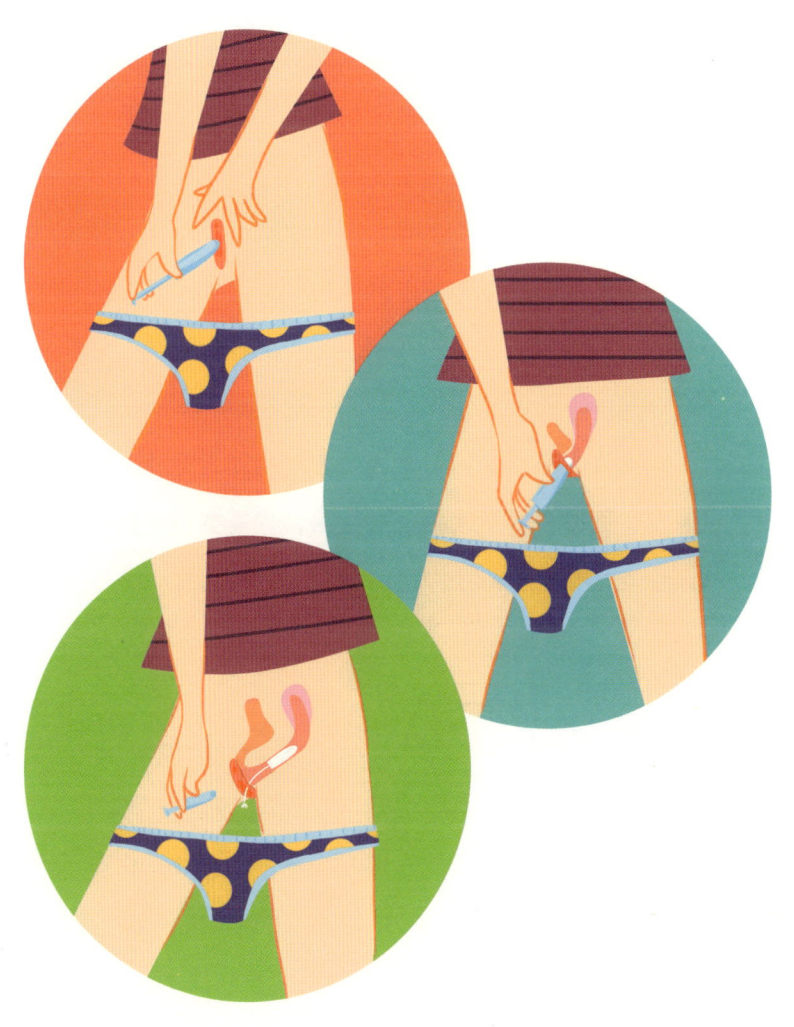

小贴士：如果你感觉紧张，那么肌肉也会随之紧张，这时将棉条推入身体会比较困难。因此在将棉条置入身体前，先做几个深呼吸，让自己放松下来吧！

作为新手，你应该始终选择自己所需的、吸收力较弱的棉条。可以从细型或者普通型开始尝试，习惯以后如有需要再尝试吸收力更强的棉条。**差不多每 4 小时**你就应该更换棉条。在最初使用棉条的时候，你可能会发现棉条上的血并不是很多，这是正常的。不管怎样都要经常更换棉条，这样才能避免细菌滋生，也有助于消除气味。

有些卫生棉条是带导管的，它能帮助你把棉条顺利推进身体，而有些棉条是没有导管的，你需要用手指把棉条推进身体。下面，我们来聊聊如何使用带导管的卫生棉条。

如何使用导管式卫生棉条？

1. 重要的事情要先做：洗净并擦干双手，然后除去棉条的外包装袋。

2. 大部分女性喜欢站立着将棉条置入身体。你可以把一只脚搁在马桶圈上，也可以稍微蹲下来一点儿，用你的惯用手（写字的那只手）捏住棉条。

3. 捏住棉条的中段，就是较小的内导管和较大的外导管相接的地方，确保棉条的线绳朝着背离身体的方向。

4. 将外导管的上部放进阴道口。你可以用另外一只手把阴唇分开一点儿，这样可以使棉条更容易推入。

5. 将外导管朝着下背部方向轻轻推入阴道，直至手指

> ★ ★ **使用棉条的安全警示** ★ ★
>
> 尽管经期使用卫生棉条是安全的,但经常更换棉条非常重要,绝不要让棉条在体内停留的时间超过8小时,也不要带着棉条过夜。棉条放置在阴道内的时间越长,患中毒性休克综合征(TSS)的风险越高。中毒性休克综合征是一种极为罕见的细菌性感染。如果你出现了头晕、呕吐、腹泻、发热、红疹(看起来像是晒伤),就要立即取出棉条,告诉大人,并立即就医。

触碰到身体为止。

6. 外导管进入阴道后,用食指推动内导管,直到与外导管完全重叠。

7. 内导管推入后,将内外导管同时取出,把取下的导管放入棉条外包装袋或者用卫生纸包好,丢掉(不能扔进马桶)。确保棉条的线留在阴道口外面。

8. 如果你能感觉到身体里的棉条或者是有任何不舒服,就说明棉条没有放对位置,那就拉住线绳,把棉条轻轻拉出来，丢掉，再换个新棉条的重新尝试。

9. 再次清洗双手。

如何使用非导管式卫生棉条？

1. 往手上打肥皂，用水把泡沫冲干净。擦干双手，然后除去棉条的外包装袋。

2. 用手拉一拉棉条上的线，确保线牢牢地附在棉条上。

3. 大多数女性喜欢站立着将棉条置入身体。你可以把一只脚搁在马桶圈上，也可以稍微蹲下来一点儿，用你的惯用手（写字的那只手）捏住棉条。

4. 确保棉条的线可见，并朝着背离身体的方向。

5. 你可以用另外一只手把阴唇分开，将棉条放进阴道口。

6. 将棉条轻轻地推入阴道，推的时候朝向下背部。

7. 一旦棉条进入阴道，进一步用食指将棉条向里推，确保线始终在阴道口外。

8. 如果你能感觉到身体里的棉条或者是有任何不舒服，就说明棉条没有放对位置，那就拉住线绳，把棉条轻轻取出丢掉，再重新开始。

9. 再次清洗双手。

取出棉条时，拉住棉线，直到棉条从身体里滑出（如果棉条上的血不多,取出棉条会稍微难一点儿,这时你需要继续轻轻地把棉条往外拉)。即使棉条上只有一点儿血,也要坚持更换,不要重复使用旧的棉条。虽然大多数棉条都可以丢进抽水马桶(导管式卫生棉条除外),但在丢弃之前请务必检查一下包装盒上的说明。如果你无法确定卫生棉条是否可以丢进抽水马桶,就把用过的棉条用卫生纸包好,然后丢进垃圾桶。

血渍、渗漏及经期工具包

即使对月经周期进行跟踪记录,月经也可能会像不速之客一样随时出现,如同月经初潮一样无法预测。准备一个经期工具包不失为一个应对的好办法。经期工具包可以

是一个手袋或小包,装着为不期而至的月经所准备的物品。无论月经何时造访,随身携带这样一个工具包都能让你应对自如。

你可以在经期工具包里放置以下物品:

★ 卫生巾和棉条(两种都放一些)

★ 几个小的塑封袋,差不多可以装下三明治的大小(用来装需要丢弃的棉条)

★ 一条备用内裤,有备无患

★ 一包旅行装的婴儿湿纸巾(用来擦掉血渍)

"月亮"及其他迷思

关于经期的传说有很多。其中有些是神秘的，有些是搞笑的。这里只是其中的一些：

血月亮

很长一段时间里，人们相信月经周期与月相的更替周期有关，之所以会有这种确信是因为月经周期平均为28天，而月相的更替周期为29.5天。然而，研究表明月亮对月经何时开始、何时终止并没有影响。

月经会传染

据说女人们待在一起时间久了她们的月经也会同步。你的子宫会说服其他子宫和它同时流血？尽管我们想想就觉得滑稽，这的确是又一迷思。最近的一项研究对住在一起的几千名女性进行调研，结果表明她们的月经周期并不会因为身边人的月经周期而发生变化。

经血会招来鲨鱼

是真是假：如果月经期间下海游泳可能会受到鲨鱼攻击，因为它会嗅到血腥味。

答案：假！在月经期间游泳绝对安全，鲨鱼不会嗅出经血味。

在经期，即使是准备工作做得最充分的女孩，有时也会发生经血渗漏，少量的经血会渗透到衣服上。不必慌张，月经是身体发育过程中正常而自然的一部分，而血渍又是月经正常而自然的一部分（也许有些讨厌）。如果在学校的时候经血沾到衣服上，就把夹克或衬衫（如果你没有，就向朋友借一件）系在腰间，这样下垂部分可以遮住血渍，然后你可以请一位你信赖的大人或是学校里的护士帮忙处理血渍。护士那里通常会有为这种情况准备的备用衣服。这种情况的确会发生在我们每个人的身上。

为了清除血渍，可以用温和的肥皂以及冷水搓洗，直到血渍变淡。不可以把衣服烘干，因为这会让血渍变成顽固污渍。请妈妈、姐姐或是其他你信得过的大人帮忙去除血渍吧。

第六章
给身体加点燃料

　　你已经度过了一段重要的旅程,知晓了身体在青春期会经历许多变化。在这次列车旅行中,你领略到自己独一无二的身体带来的诸多迷人景色。一路走来,你已经学会,如何在身体不辞辛苦地助你成长时给予它更好的照料。你们还记得青春期保持身体健康和强壮的三个要素吗?你猜对了,它们是有营养的食物,有趣的运动、锻炼,以及优质的睡眠。

营养

在一生只有一次的青春期旅程中，你的身体将快速发育和变化。为了让旅程健康愉悦，就需要健康营养的食物。通常，我们一听到营养这个词，头脑中就会浮现出这样一幅画面——被逼着吃下令人生厌的食物。幸运的是，吃得有营养并不意味着你非得一顿又一顿地吃用豆子或者其他你不喜欢的东西制成的餐食。吃有营养的健康食物同样可以成为一种味觉享受，营养和美味两不耽误。

营养摄入是否适当不仅会影响青春期的生长发育，还会影响青春期开始的时间。营养摄入不够，身体就无法分泌青春期启动必需的荷尔蒙；吃太多不健康的食物则会让我们的身体过早地发育。既然摄入有营养的食物对你的身体发育如此重要，那我们就来聊聊究竟应该怎样给你的身体添加燃料。

彩虹滋味

如何确保我们摄入大量的健康食物？一个简单的办法就是吃彩虹，它能帮助身体像冠军一样应对青春期的变化。哈哈，这只是句玩笑话，你并不需要吃下一道真正的彩虹，那可真是一大壮举!

实际上,吃彩虹的意思是,吃彩虹色系里不同颜色的天然食物。这会让你更容易获得青春期所需的维生素和矿物质。让我们看看你希望在餐桌上看到哪些颜色的可口食物,它们又将如何帮助身体成长。

红色:苹果、樱桃、紫甘蓝、草莓、西红柿、西瓜。
红色食物有助于改善记忆力,保护心脏。

橙色/黄色:冬南瓜、哈密瓜、胡萝卜、芒果、橙子、菠萝、土豆、红薯、黄椒。

第六章 给身体加点燃料

彩虹色系里的黄色食物富含保护眼睛、心脏以及健康的免疫系统所需的维生素。

绿色：芦笋、西兰花、球芽甘蓝、羽衣甘蓝、黄瓜、青豆、青椒、豌豆、菠菜。

绿色食物可以让我们拥有健康的牙齿、强壮的骨骼和敏锐的眼睛。

紫色/蓝色：甜菜、黑莓、蓝莓、黑豆、茄子、无花果。

紫色或蓝色食物可以帮助我们增强记忆力，并能让我们上了年纪以后依然保持强壮。

白色：生姜、蘑菇、洋葱。

白色食物能够让心脏跳动有力，保持心脏健康。

"但是，"你问，"如果我把橙色的车达奶酪薯条、草莓零食和青苹果味小熊软糖放在一起，也是五颜六色的，这算是吃彩虹食物吗？"

好吧，亲爱的朋友，虽然这些颜色的确是彩虹色系里的颜色，但你极有可能在还没获得身体真正所需的营养前，肚子就先痛起来，还会由于蛀牙要去看牙医。彩虹色的垃圾食品不会让青春期列车平稳运行。随着年龄的增长，高糖、高脂和含盐量高的食物都会带来健康问题。

这并不意味着你永远不能吃薯片、糖果或蛋糕，有节制地吃一些倒也无妨，但这些食品绝对不能代替早餐、午餐或晚餐桌上的水果、蔬菜和谷物。比起加工食品，那些接近本来形态的新鲜天然食物，对我们的身体健康更有益处。这就意味着你要避免吃加工食品。

怎样才能分辨新鲜食物和加工食品呢？最好的办法是查看包装。盒装、罐装或含有粉剂、糖浆以及其他调味剂的食物通常都是加工食品。加工食品中通常会添加过多的糖、盐和脂肪，而食物中的许多营养成分却被破坏。因此，你最好尽可能地选择新鲜的食物。举个例子，和糖浆蜜桃罐头相比，新鲜的桃子能为你提供更多的营养。

为了保持最佳状态，你的身体还需要其他一些营养物质。富含蛋白质的食物，如肉、鱼、豆类和奶酪，能够帮你增长肌肉。此外，你还需要食用含铁的食物补充能量，含锌的食物抵抗疾病，含有叶酸的食物帮助身体吸收所需的矿物质。

你可以成为健康食物小助手！问一下要去买菜的大人你是否可以跟着一起去，并帮助他们挑选美味的彩虹色系的新鲜食物，告诉他们这些食物不但可以满足你的味蕾，而且对你正在快速发育的身体还大有好处。

以正确的方式开始崭新的一天

你的身体青春焕发，早餐是你可以送给身体的一份绝佳礼物。每天吃早餐时，你都像在对它说："身体，早上好！真高兴今天见到你！"早餐也许是一天中最重要的一餐。它能为你的身体提供能量，让身体开始运行所有复杂的功能，保证生命的正常运转。早餐还可以让你在下午保持良好的情绪，不至于感到疲倦。燕麦片、水果奶昔、鸡蛋和烤面包、香蕉和花生酱都是很棒的早餐食物。

食物过敏、素食主义和其他特殊饮食需求

人们有不同的营养需求，我们的身体对食物的反应也各不相同。有些人不能吃麸质食品（小麦制品），而另一些人则有严重的食物过敏反应。照顾身体有时意味着要照顾我们的特殊饮食需求。食物过敏（吃下去的食物导致我们的身体出现不良反应，例如瘙痒、肿胀或其他危险的反应），对年轻人而言是很常见的问题。实际上，在美国多达300万人对某种食物过敏。不幸的是，对身体不好的食物并不意味着味道也不好，这就是麻烦所在。不过，无论食物看起来多么美味诱人，如果你知道它会让你过敏，那就绝对不要吃。

★ ★ 特殊饮食及特殊场合 ★ ★

如果你要去参加生日聚会或去餐厅用餐，请提前把自己的特殊饮食需求（无论你是对食物过敏还是素食主义者）告诉负责组织活动的大人。当你有特殊的饮食需求时，或许会觉得少了很多乐趣，但事实并非如此。了解并掌握哪种食物对你的身体最适合，多么值得骄傲啊。这不仅是照顾自己的好办法，还能提醒这个世界身体是多种多样的。

青春期增加的荷尔蒙以及压力都会使过敏加剧。因此，请保持健康饮食，远离那些会引起过敏反应的食物——你的身体会感谢你的！

素食主义者是不吃肉的人。人们成为素食主义者的原因很多，包括宗教信仰和保护动物。如果你是素食主义者或正在考虑成为素食主义者，就需要寻找替代方法以获取非素食中身体必需的营养。你需要补充蛋白质和维生素（例如B12），因为它们主要存在于肉类中。跟大人和医生聊一聊，他们可以帮助确保你获得身体成长所需的营养。

运动

让身体动起来是最有益健康的一种方式！运动——站起来活动活动——是我们给不断变化的身体提供支持的绝佳办法。

运动并不是说你需要做 300 个开合跳，然后在体育场里跑上 12 圈……除非你真的很喜欢开合跳和跑步！不过你应该寻找让自己快乐又能够出汗的运动方式。你喜欢跳

舞吗？那就让你的父母或老师帮你找找哪儿能上舞蹈课，或者你可以在家中自己编排舞蹈动作。你喜欢运动吗？你可以加入学校的篮球、垒球或足球队（或你喜欢的任何运动）。你甚至可以和住得近的朋友在周末一起玩。让身体动起来的方式真是数也数不清。无论选择何种方式，最重要的就是让自己动起来！

运动究竟有什么好处？

想拥有强健的肌肉和骨骼吗？那么就让身体动起来吧。你喜欢身体充满能量、精力集中，以及更放松平和的感觉吗？那就活动活动吧。运动可以给提供你身体所需的能量和力气，帮你走过青春期这段超级旅程。

需要多少运动量呢？

大多数医生建议我们每天至少运动一小时。如果你做的是自己喜欢的事，一小时很快就过去了。不过请记得，即使是少量的运动也胜过不运动。如果你有一段时间不运动了，觉得出去活动活动是件挺困难的事，那起初的运动量不妨小一些，之后再努力加大运动量。你可以试着和朋友出去走上20分钟，或者问问邻居是否可以帮他们遛狗。

你越经常运动,运动起来就越会感觉轻松。如果你身体有残疾,做运动比较困难,那么想想看有哪些适合你又充满乐趣的运动方式。自己能做多久运动就尽力做多久。身体各不相同,运动方式也不尽相同。

为了激发灵感,我这里准备了 10 个"动起来"游戏,可以在家玩!

1. **倒立**:练习倒立能增强你的腹部肌肉,并使血液流向大脑。
2. **跳绳**:这项有趣的锻炼会让你的心跳加速。去外面找朋友和你一起跳绳吧!
3. **独轮车(一个人抬着另一人的双脚,另一人交替用手向前走)比赛**:你和你的搭档(做这个游戏需要搭档)可以通过这项游戏增强手臂、腿部以及腹部力量。
4. **动物竞赛**:模仿兔子跳、青蛙跳、鸭子摇摇摆摆地走,看谁能够走得最远。
5. **障碍赛**:在室内用枕头、毛绒动物和其他玩具设置障碍路线(在挪动家具前一定要征得大人同意)。或者你也可以使用涂鸦粉笔在室外绘制路线。
6. **冰冻舞**:音乐播放时你要尽情舞蹈,音乐停止时要像被冰冻住似的一动不动。当音乐再度响起,再次尽情摇摆吧!

7. **大战气泡膜:** 用脚不停地踩气泡膜,直至所有气泡都爆掉。
8. **整理大比拼:** 拿起计时器,计时两分钟。看看你和朋友在规定时间里谁收拾房间的速度更快。这可以是一项比赛,也可以是一个有趣的助人游戏。
9. **枕头对决:** 互相丢枕头吧,这真是太好玩了!
10. **爆米花俯卧撑:** 在地上放一小碗爆米花,在碗的旁边做俯卧撑,每次俯身的时候用舌头舔吃爆米花。

注意运动安全

我们的身体虽然结实,但也很脆弱,因此在运动前要做好准备。如果你是运动队或舞蹈队成员,运动前的热身和运动后的放松对你来说尤为重要。舞者和运动员都更容易受伤,因为这两种运动都会对肌肉和骨骼造成压力。

运动前让我们的肌肉"热"起来很重要,热身包括肌肉拉伸、放松走、慢速游泳,以及其他任何能够帮助肌肉为后续锻炼做准备的轻松运动。

运动后你也希望让自己的身体放松。放松阶段可以帮助身体慢慢回到非运动状态。突然停止运动会让你的肌肉感到不适，引起肌肉酸痛或是造成更严重的伤害。你可能要减慢运动速度或者进行拉伸，直至感觉心跳慢下来。一旦你的心跳变慢，呼吸变得平缓，这时就安全了，你就可以休息了。

哦，水！

猜猜看我们要生存，最离不开什么？水！水是世界上最神奇的液体！你知道自己的身体大部分是由水组成的吗？自然，你的身体也十分神奇！水是你能给予身体的最佳饮料，它能让身体保持良好的状态并正常工作。

尽管人们在"每天究竟需要喝多少水"这个问题上存在争议，但是确定无疑的是，喝水的量一定要比喝其他任何饮料的量要多。苏打水和果汁通常会含有过多的糖和盐，喝太多对你的身体不好。你应该在运动前喝一到两杯水，运动中喝一杯水，运动结束后再喝至少一杯水。

如果等到口渴时再喝水，那时你的身体已经缺水了。

睡眠

无论你依旧像小时候一样喜欢听个故事再睡觉，还是一碰枕头就能进入梦乡，有一点是毋庸置疑的：如果你想在青春期乃至以后保持健康快乐，你的身体就需要睡眠，而且是大量的睡眠。在青春期中，你的身体比生命中其他任何时期的成长都要迅速。新的荷尔蒙将会产生，帮助身体启动各项新的功能。身体这些重大变化都需要消耗许多能量。如何确保你的身体成功变为绝妙身体所需要的一切？保证自己拥有充足的睡眠非常必要。

睡多久才合适？

8至11岁的女孩每晚应保证9至11个小时的睡眠时间。因此，要照顾好自己的身体，你可能不得不错过一些晚间的电视节目。

为什么要睡那么久？

你的身体在为青春期做准备，你也许会发觉自己比之前更容易犯困，或者早上起床比较挣扎。青春期身体需要更多的睡眠是很正常的。别忘了，你的身体正承担着一些新的重大任务，例如快速发育（骨骼生长大多发生在你睡觉的时候）、产生荷尔蒙、长出新的器官比如乳房。你的身体在开足马力运转，所以它需要很多能量。

如果睡眠时间不够，你的记忆力、学习和理解能力，

以及情绪都会受影响。你可不希望自己在单词拼写测验时变成一个脾气暴躁、筋疲力尽、哈欠连天的人吧！如何让自己的大脑和身体处于最佳状态呢？一个最好的办法就是让自己的身体有充足的睡眠。

三个安睡小贴士

白天你可能会相当忙碌。你也许要去学校、做作业、参加活动、和朋友见面、参加家庭聚会，还要做其他琐事。哇哦！你要做那么多事情，真的很难停下来放松一下，让大脑放空。因此，一天结束后，你需要好好睡一觉，即使你并不觉得怎么累。以下是几个让你迅速入睡的小贴士：

1. 设定就寝时间并严格遵守

如果你的身体知道要睡觉的时间,它就能更好地为休息做准备。每天都在固定时间上床睡觉能够帮你在接下去的几个小时里睡个好觉。

2. 远离"提神醒脑"的食物和饮料

有些食物和饮料中含有能帮你补充能量或是让你活跃、清醒的成分。在临睡前摄入这类食物或饮料会让你难以入睡。苏打水、咖啡、一些茶饮料以及含巧克力之类的食物都含有一种叫作咖啡因的成分,这种成分会对睡眠产生不利影响。因此,每天要限制咖啡因的摄入量,并在睡前至少 5 个小时内避免食用含咖啡因的食物或饮料。

3. 熄灯睡觉

我们在白天醒来,在夜晚进入梦乡。身体如同一台精妙的机器,醒来又睡去,自然而然地运行。台灯、电脑、手机屏幕很容易会让身体产生困惑,我们的身体会觉得它应该保持清醒。睡前至少提前 30 分钟关灯,并且关闭屏幕,这样做可以提醒身体是时候去睡觉休息,为身体充电加油了,这可是一个绝佳的助眠办法!

♥你并不孤单!♥

如果你晚上入睡困难,请不要担心,这种情况并非只发生在你一个人身上。夜里做噩梦,或者通宵无法入睡,科学家们表示有10%至33%的孩子有睡眠问题。

每个人都会时不时做噩梦,这并不有趣,但是的确会发生。大多数噩梦产生的原因是大脑在处理让你感到害怕或担心的信息。如果噩梦持续侵袭,让你无法安然入睡,那就一定要把你的情况告诉大人。

尽量避免白天看恐怖、暴力的电视或者玩恐怖、暴力的游戏,因为电视或游戏里的场景可能会突然出现在你的梦里。听一些舒缓的音乐或者与父母一起读睡前故事能让你在入睡时感觉更平静。

有些女孩需要与失眠症作斗争,失眠意味着难以入睡或睡眠不安。各种情况都可能导致失眠,如忧虑或情绪紧张(为家人或朋友担忧),生病或不适(喉咙痛、咳嗽或鼻塞)或温度不合适(房间过热或过冷)。大多数人偶尔会失眠。如果你失眠超过一到两周,就一定要让大人知晓你的情况。医生很有可能可以帮你找到失眠的原因,抓回飞走的瞌睡虫。

哪些行为损害健康？

营养、运动、睡眠有助于身体在青春期的轨道上平稳运行，但有三种行为会让身体脱离轨道，因此要对这三种行为说不！

吸烟

烟草公司会让你觉得吸烟很酷，然后从你那儿赚大把的香烟钱。烟草公司通过说服年轻人尽早开始吸烟而变得非常有钱，因为他们知道吸烟会上瘾（一旦你开始吸烟，就很难再戒烟了）。

你听好了：首先，你那么聪明，可绝不会让那些狡猾的烟草公司年复一年骗走你的钱；其次，正如人尽皆知的那样，吸烟不仅会让你咳嗽，让你的衣服、头发以及呼吸都散发出难闻的味道，更可怕的是吸烟会致命。香烟会引发癌症、肺部疾病和其他各种危害生命的病症。别让那些伪善的烟草公司掏空你的腰包，偷走你的健康。千万不要吸烟！

酒精和毒品

户外广告牌、商业广告和杂志都充斥着卖酒的广告，电视节目和新闻不停地在谈论毒品。为什么？和烟草公司鼓吹香烟的道理一样：人们买酒喝酒，酿酒公司就能赚很多钱，人们购买和吸食毒品，毒贩就能赚很多钱。

事实是这样的：毒品和酒精对年轻人来说危害非常大，对成年人同样如此。但在青春期，身体的方方面面都在快速变化和成长，酒精和毒品不仅会对你的身体发育过程造成伤害，还会带来许多问题，这些问题在成年之后也将一直困扰你。酒精和毒品（包括大麻）不但会损伤大脑，还会伤害你正在发育的肾脏、肝脏以及心脏。简而言之，酒精和毒品危害十足。

有些孩子喝酒、吸毒、抽烟是因为他们觉得这样做很酷，但通常情况下，孩子们这样做的原因是自我感觉不佳，或是在生活中遇到了麻烦却不知道如何应对。碰到问题，不妨告诉你所信任的大人，把问题说出来，倾诉你的感受。寻求帮助是很正常的事，你不必独自一人面对碰到的麻烦。成长有时确实会让人茫然，但你内心充满能量和智慧，你完全可以依靠它们成为一个出色而勇敢的年轻人，而不是选择毒品和酒精。

第七章
情感与友情

　　你（和你的身体）付出了巨大的努力，才取得了今天的成绩。碰碰你的两只拳头，来个"碰拳礼"庆祝一下！你已经知道了很多迷人而奇妙的关于身体的知识。不过青春期带来的不仅仅是身体上的变化，还会引起情绪的变化。这一时期，你的情感、与朋友的关系以及对事物的看法都会发生变化。是的，这是青春期列车旅行中的又一站点，每个人和他们的身体都要在本站停靠。让我们一起来看看究竟会发生什么？

高低起伏的情绪

尽管青春期大部分时间都像是一趟火车旅行,但偶尔你会觉得自己更像是坐上了过山车,穿越巍巍的高山和险峻的峡谷。你是否曾经因为妈妈说了一些自己不喜欢听的话而冲进房间?你是不是经常感觉一股莫名的情绪突然涌上心头,五味杂陈?情绪的大起大落在很大程度上是由我们一直在书中谈论的某种物质造成的。猜猜看是什么?试试看,我打赌你知道。没错!就是我们一直在讲的荷尔蒙。你的身体产生新的化学物质,帮你慢慢成长为一个大人。这些荷尔蒙不仅会影响你的身体功能,还会影响你的情绪。

为什么我的情感如此强烈？

人们感受事物，产生情感：喜悦、悲伤、沮丧、困惑、担忧、好奇、兴奋、恐惧，以及上千种其他情感，我们甚至无法用言语一一表达。作为人，我们不可避免地会产生强烈的情感。当身体在适应新产生的荷尔蒙的时候，你可能会发现自己比以往更容易察觉到情感的变化。有时你的情感来得比以往任何时候都要强烈，这些情感会让你变得比平常更敏感。有那么几天你会无缘无故、莫名其妙地感觉想哭。有时，你又会为一些鸡毛蒜皮的事大动肝火，而这些事过去可能只会让你有些许不开心。不过这一切都是正常的。

没错，不断变化的情感如此强烈，让你难以应对。同时，你还有可能产生新的情感，包括对朋友或班上某个同学的嫉妒或者爱慕之情。你可能会感到被误解或是感觉骄傲。你的头脑中可能会冒出一些以前从未有过的关于自己、关于世界的问题。你经历得越多，情感就越丰富。

不管这段时间你心中涌动着怎样的情感，重要的是你要知道自己很重要，而且聪明又有能力。无论何种情感出现，毋庸置疑的是你已经足够优秀，千万不要忘记：一种情感不会永远持续，它的变化十分迅速。做一个深呼吸，继续你的火车旅行,这不过是旅行中的一部分而已。

如何管理心情?

你也许会觉得你的情绪在操控整场演出,而自己却被情绪裹挟,难以挣脱。但是你大可不必待在火车尾端的守车[1]上度过你的旅行,你可以做一些对管理自己心情有益的事情。事实上,我们已经在上一章里提到了其中几项。

重提三要素

吃健康的食物可以帮你更好地控制自己的情绪。毫无疑问,让身体处于过度饥饿的状态或是吃让身体不适的食物都会让你变得易怒或沮丧。不吃东西会让你的身体变得反应迟钝,如果能量不足,你的心情也会变糟。没有比又饿又气——更糟糕的事了。所以千万别让自己又饿又气。每天要吃健康的三餐和少量的健康零食。

运动能让大脑释放出化学物质,让我们感觉良好。感到沮丧?那就绕着街区散散步。感觉悲伤?那就试着在家附近的游泳池里游上几圈,或者放一些音乐,跳跳舞,把

---

[1] 守车,又称望车,是挂在货物列车尾部,供运转车长及随车人员乘座的工作车,用来瞭望车辆及协助刹车。——译者注

快乐重新找回来。

对了，还有别忘记睡觉。你的身心都需要时间补充能量。睡眠就像是大脑的食物。如果你无法满足大脑需要，它就会变得又饿又气。如何避免呢？办法就是每晚睡够9到11个小时。

冥想

每天静坐几分钟，让自己的心思意念进入平静状态，这也有助于情绪的改善。这种练习我们称为冥想，它是帮你应对失控情绪的有效工具。冥想教会你如何在静坐中让情绪消失。情绪如同不会久留的访客，他们通常并未打算常驻不走。

用言语或文字释放情感

各式各样或强烈或前所未见的新情绪会让你感到困扰，排解这种困扰的一种方式就是把想法表达出来。向在乎你、相信你、一切都想

要给你最好的那个大人吐露心声，这是摆脱糟糕情绪又不觉得孤独的最佳办法。找到那个擅于倾听，也能够与你谈论你心中感受的大人。他们也经历过青春期，所以他们知道什么话能够帮到你。

另外一种释放情绪的办法是写日志，记下你的恐惧、快乐和成功。谁让你火冒三丈？哪个朋友伤害了你？把这些记下来。哪天你的穿着特别出彩？什么时候你觉得同学在评价你？把这些记下来。写作简单又高效，能够帮你在一个安全的地方释放情感。

或许你会与信任的人分享日记内容，或许日记只是你一个人的秘密花园。无论是哪种，写作都能够帮你以一种健康的方式，平复自己犹如过山车一样大起大落的情感。

流水般的友情

你有最好的朋友吗？或许你们彼此分享秘密，一起出去玩；或许你们会到对方家过夜或者一起玩游戏；遇到困难时，你们可能会在一起谈心，把彼此逗得乐开花，连正在喝的牛奶都能从鼻孔里喷出来；不过你们也可能会让彼此生气、伤害彼此的感情——但是你们事后总会道歉并试着修复友情；还有可能就是你们几天或几周都不搭理对方。友情

是美丽的，但它并不完美。如你所爱的任何事物一样，如果你想让友情长久存续，你必须照顾好它。

不幸的是，并非所有友情都能持久。你可能会和几位极其特殊的朋友保持长久的友情，但是大多数的友情都会随着你的改变而变化。你可能会有相处了几年的朋友，你也会有相处仅仅几周、数月或者一个学年的朋友。随着年龄的增长和你自己的改变，友情也会随之变化——这是很自然的事情。

怎样才算得上好朋友？

无论你跟一个朋友相处了 20 年还是一小段时间，朋友都是你今后生活中不可或缺的一部分。人类天生就有与他人交往的本能需要，这是我们要交朋友的部分原因。我们希望找到自己喜欢的人，并与他们共度时光。交到好朋友很重要，保持一段友情同样重要。

不过很不幸，并没有什么书面指导告诉我们要如何保持友情，所以在友情中我们一不小心可能就会磕磕绊绊。但是这种磕碰并非不可避免。交到好朋友并没有什么机密可言，只是为了保持友情你需要成为自己理想中好朋友的样子。那怎样才算得上是好朋友呢？以下是他们的 20 条顶级品质：

好朋友……

1. 不想伤害你的感情。
2. 当他们伤害了你，会说对不起。
3. 希望有你在身边。
4. 喜欢帮你结交更多的好朋友。
5. 会鼓励你。
6. 会善待你。
7. 愿意倾听你的心声。
8. 即使他们不确定当前该做什么或说什么，也愿意帮助你。
9. 会承认自己错了。
10. 最喜欢你真实的一面。

11. 不嚼舌根，说你或他人的闲话。

12. 不会要求你在他们和其他朋友之间进行选择。

13. 不在你背后说坏话。

14. 会鼓励你尽力而为。

15. 是真诚可靠的。

16. 会为你和其他朋友出头。

17. 告诉你有些事情是否危险或有害。

18. 和你一起笑，而不是嘲笑你。

19. 为你腾出时间。

20. 在你感到沮丧或忧虑时能够让你平复心情。

保持友情和交到好朋友同样重要。不过这里我得泼点儿冷水：有时你按照上面的清单把每一条都做到了，但有些人还是不愿意跟你做朋友。举个例子，你有一个最要好的朋友，从幼儿园开始你们就是最要好的朋友，现在你们五年级了，突然她不想再和你做朋友。这的确会伤害到你，不过这并不意味着她就是一个坏人或者说你做错了什么事情。这只能说明你们都在成长，都在变化。你在改变，原来和你合得来的朋友也在改变。长大意味着你会有新的兴趣、新的习惯。我们会喜欢上有趣的新事物，而你的老朋友可能并不喜欢。这仅仅是青春期会带来的一个变化而已。

> ♥ 你并不孤单！♥

去见朋友的朋友是结交新朋友的办法，而介绍你们的朋友相互认识又是其中的最佳办法——告诉他们该如何做吧！

你可以把学校里的朋友介绍给社区里的朋友，或许她也会把你介绍给她社区里的朋友。你可以邀请不同的朋友——学校的、社区的、运动队的、课外活动的，等等，一起来参加你的生日派对，并介绍他们相互认识。如果你被邀请参加朋友的派对，记得和朋友的朋友打招呼，这样你就可以结交到新的朋友。

如何判断一段友情已经告终？

有时朋友们一起出去玩的次数越来越少，但是不经常一起出去玩并不总是意味着你和朋友的友情已经告终，也可能是他们最近很忙或是家中发生了什么事情。如何了解一段友情是否发生了问题？最好的办法就是问一下对方。不过在开口之前，你先要弄清楚自己是否还想和对方做朋友。如果不想，那没问题，你可以继续和他人共度时光，少花点时间和老朋友见面。一旦你明确了自己的想法，你就可以找时间和朋友好好交流一下。

有时，谈论我们的感受和友情并非易事，但别忘记好朋友的其中一项品质就是诚实。在开始沟通之前，你可以先问问对方最近过得怎么样，然后，再说你发觉你们最近出去玩的时间没有以前多了，你想要了解一下原因。你的朋友也许会说他们最近很忙或者家里有事，或者说他们也并不清楚原因。别忘记，一段友情的延续需要两个人的努力。如果你想要保持友情，但却只有你一人为此付出努力，那这也许并不是一段好的关系。不论最终沟通结果如何，学着如何做一个沟通高手对你今后的人生都大有益处，你的沟通技巧也许能够帮助你在今后拯救好几段友情呢。

结交新朋友

人们需要朋友，这就意味着当你在寻觅朋友的时候有些人可能也在寻觅新的朋友，你们的任务就是找到对方。如果你是个害羞的女孩，那这个任务对你来说有点困难，但并非不可能。学校是结交朋友的好地方，因为我们有很多机会接触到别人，也有机会介绍自己。如果你的老师让你们结对完成一项任务,你可以找一个你想要结识的同学,问问看她是否想和你搭档。在午餐期间或者在图书馆里,问问看是否能坐在一个不认识的同学边上。但是,学校并不是结交新朋友的唯一场所。你也可以在课外活动中结交新朋友,或者和家族成员比如表兄妹一起出去玩,也可以去结识社区里的邻居。

第八章
家与其他安全港湾

　　每个女孩都需要一个港湾，身处其中既有安全感，也有被关心、被呵护的感觉。实际上，每个人都需要这样一个港湾。但出于形形色色的原因，我们很难寻觅到这样的港湾。不过即便如此，我们依旧可以找到这样一个地方，它就是我们的内心。是的，度过青春期，成长为一位出色的大人所需的一切其实已经植根于你的内心，我们把它称为"智慧"。如果你仔细聆听，它会指引你找到你最需要的答案。倾听自己的心声，它会帮你找到能够回答你的问题或者在你需要时给予支持和鼓励的智者。

　　接下来介绍的几种办法，能够让你听到自己内心深处的智慧之声。这声音将指引你找到所需的资源和人，助你成长为出类拔萃的年轻人。

找到友善的耳朵

这本书里始终都在告诉你，在遇到问题或疑虑时要告诉可信赖的大人。不过你也许会问："我如何才能知道这位大人是不是可以信赖呢？"好问题！可信赖的大人首先必须得是成年人。许多孩子会问其他孩子关于青春期和成长的问题。和你的朋友分享自己的感受当然没有问题，因为他们也许会感同身受。不过要记住，想要知道青春期身体和生活会发生怎样的变化，你的朋友并不是你请教这类问题的最佳人选。他们能知道什么呢？他们和你一样，也正在度过一段崭新的旅程啊。

但是，可信赖的大人已经知道了问题的答案，因为他们已经度过了这段旅程。可信赖的大人是关心你、在乎你的安全和健康的人。你可能并不总是喜欢他们对你说的每一句话，但是你非常清楚，他们完全是为了你好。

哪些大人是不值得信赖的呢？就是那些要求你不要把你们之间的谈话内容告诉其他大人的人；做有损你身心健康的事情的大人；对你冷嘲热讽、说难听话的大人都不值得信赖。对许多女孩来说，可信赖的大人或许是她们的妈妈、爸爸或者是大哥哥、大姐姐。但对其他女孩来说，她们的生活中并没有这些人。这并没有关系，家庭和身体一样也都各不相同。对一些女孩而言,可信赖的大人可能是一位信任她们的老师,一名学校护士或者是一位医生。

当然,可信任的大人也许不止一位。在学校里遇到友情方面的问题,你也许想要去找老师聊一聊;碰到月经方面的问题,你也许想要去问一问学校护士。这些都没有问题,关键是你要明白,有疑问和困惑是很正常的,并且你也能够找到为你答疑的恰当人选。

你可能会问:"但是,如果我问问题时觉得紧张或尴尬,

该怎么办？"紧张是再正常不过的事情，但这不该成为你寻求帮助的绊脚石。在提问时，你可以借助这本书，把它拿上，让你信赖的大人读一读你想要和他们讨论的部分。你也可以事先准备个问题瓶，把问题写在纸上，放进瓶子，然后再请大人从瓶子里取出纸条。等他们看过纸条后，请他们把答案写在纸上，并把问题纸条和答案纸条同时放回瓶子。这会是一个很好的方式来开启你可能会觉得紧张的对话。

永远记住：关于你的身体、青春期以及成长，都不应该成为难以启齿的话题。你光彩夺目的身体正在踏上一段非同寻常的旅程，大人也都是经过了这段旅程才成长为大人的。一路走来，会有许许多多的大人能够给予你帮助。

必须征得同意

你的身体完全属于你，而不是其他人。这就意味着你要为自己的身体做决定，比如谁可以触碰或谁不可以触碰你的身体。如果你不愿意，你大可不必去拥抱或亲吻别人。想要与你发生身体接触的人必须事先征得你的允许。你可以直截了当地告诉他们必须得到你的允许——即使他们是你的家庭成员。这就叫作同意。同意表明无论我们对他人的身体做什么，事前都要获得他人的允许。要求别人征得你的同意，你可以练习说"在触碰我的身体之前，必须征得我的同意"，你可以对着家里的镜子反复练习这句话，直到自己觉得够自在，够有气势。练习次数越多，你在要求别人这样做的时候就越容易轻松说出这句话。当然，要求和给予是双向的，你在与他人身体发生身体接触之前，事先也要征得对方的同意。

不要议论身体

因为你的身体完全属于你，也就意味着没人有权利以你不喜欢的方式议论它。一般而言，议论他人的身体是非常不礼貌的。如果你的妈妈、爸爸、阿姨、姐姐、堂哥、同班同学或其他陌生人议论你的身体，让你感觉不舒服，那么你完全可以请他们停止这样的做法。你可以练习说："议论别人的身体是不礼貌的，请你不要这么做。"

这句话可能在学校非常有用。你的身体在青春期中发育，其他女孩（有时也许是男孩）可能会议论这些变化。很不幸，并不是每个人都知道要尊重别人的身体，这就意味着你可能要教他们该怎么做。你可以告诉他们，你知道议论他人的身体是不对的，你愿意把你所了解的观点与他们分享。然后，你也许就变成了一位身体的正能量大使。不过，即便你已经要求他们停止，可能有一些人还是会继续议论你的身体。碰到这种情况，你可能就要告诉信赖的大人，让他帮助你想一想接下来该怎么办。

你有隐私权

进入青春期后，你可以要求有更多隐私。隐私可能意味着你会有一本其他任何人都不能阅读的日记，你有时会

关上卧室门，或者当你需要一些私人空间时你可以要求自己单独待一会儿。隐私对青少年的成长是颇为有益的，但你也要确保不把关心你的人拒之门外。如果因为生气而需要一些私人空间，记得事后一定要把你的感受说出来。要成为一个内心强大的年轻人，学会沟通交流是十分必要的。即便有些话难以开口，好的沟通者依然可以勇敢地说出来。

同辈压力与青春期

青春期和成长过程中最不可思议的一点就是了解自己到底是谁。每天，你都会发现自己喜欢什么，不喜欢什么。你对音乐、衣服以及朋友的喜好可能与以前完全不同。每天，你好像都在华丽蜕变。

"做自己"的过程有时也会给你带来困扰。你觉得不太能够完全了解自己，也不知道自己究竟喜欢什么，因为一切都与以往不同了。有时，当你的朋友或同学极力劝说你，去做一件你不太想做的事情时，你可能会感到同辈压力。其他孩子可能会说："嗨，来吧。你看所有人都在做这件事"或者"所有很酷的小孩都在做这件事"或者"如果你真的喜欢我/如果你真是我的朋友，你就要做这件事"。"这件事"可能是让你去一个你非常不愿意去的地方，或者是对一个你不喜欢的人说你对他很动心，或者是喝酒、抽烟、吸毒等。

真正在乎你的人绝对不会向你施压，让你做任何不喜欢的事情。好朋友和爱你的人是不会这么做的。正如你的身体发育有它自己的节奏一样，你的社交兴趣也有它的发展节奏。你有足够的时间成为自己想成为的人，没有任何理由非要加快节奏，让自己无所适从。忠于自己，做最好的自己，你才能成为一个坚强、聪明、能量满满的女孩！

★ ★ 安全使用社交媒体 ★ ★

　　什么浩瀚无边、永不消逝？是互联网以及你发布在网上的内容。社交媒体有它有利的一面,你可以和朋友保持同步,可以看到同学分享周末做了什么,你也可以发布一些你最喜欢的搞怪大头照。但如果你不负责任地使用社交媒体,它也会显现出有害的一面。你分享的那些有趣的照片,可以被世界各地任何一个上网的人看到,并且你发布的内容将永远存在。

　　绝对不要在网上发布你不希望被家长、老师和其他大人看到的信息,因为他们很有可能会看到。可能你使用社交媒体仅仅是为了娱乐,但网络上存在着你不认识的坏人,所以千万不要发布你的位置或者任何私人信息,不要和虚拟世界的人做朋友。如果你在网上碰到的人让你感觉非常奇怪,一定要相信自己的感觉,并立刻告诉大人。

结 语

恭喜你！你乘坐青春期列车一路走来，终于抵达"成长"站！你已经学习了许多关于身体的知识，也知晓了在未来几年身体将会发生怎样的变化。我希望你觉得自己变得更聪慧了，更有把握去迎接青春期的各种挑战。最重要的是，我希望你已经知道自己是个了不起的女孩，青春期不能也无法改变这一点。如果说青春期会带来什么改变，它会让你更有信心、更加明确——你是个无可替代的女孩。

不必担心你和其他人一样，也不必担心你和其他人不同。差异本身就是美好的，你的成长历程会和你一样独一无二。期间，你会经历心情的跌宕起伏。有时你会觉得自己特别强大、能干，有时你又会觉得茫然，甚至有些害怕。这都很正常。我们以前也有过这种感受。但你的内心中拥有你所需的一切，能够让你成为一个出色的大人。

为自己骄傲吧！为自己成长中的身体骄傲吧！你已经迈出了很大一步，学习了这么多重要信息，知道了身体怎样运作，身体将会出现哪些变化。这不正是一个聪明又有能力的女孩的标志吗？你正在为照顾好自己和自己的身体而努力。你正在成为最好的自己的道路上前进。享受你的青春期旅程吧！

词汇表

痤疮（acne）：多余的油脂与汗水、污垢混在一起堵塞毛孔而造成的皮肤炎症。

乳晕（areolae）：乳头周围颜色较深的环形区。

黑头（blackheads）：多余的油脂与汗水、污垢混在一起堵塞毛孔，阻塞物呈黑色，被称为黑头。黑头是痤疮的一种。

乳蕾（breast bud）：乳头下方硬硬的包块。

咖啡因（caffeine）：某些食物和饮料中含有的一种成分，可能会使你难以入睡。

钙（calcium）：一种矿物质，能使骨骼强韧。如果你缺钙，今后可能会遭遇严重的骨骼疾病。

阴蒂（clitoris）：位于小阴唇前方汇合处附近的小小突起，是非常敏感的部位。

同意（consent）：我们对他人身体发生任何接触前需要得到许可。

头皮屑（dandruff）：头皮上脱落的死皮或皮屑。

青春期发育延迟（delayed puberty）：女孩已达到青春期发育年龄但仍未发育。

皮肤科医生（dermatologist）：治疗皮肤疾病的医生。

阴道分泌物（discharge）：阴道分泌出的黏液，其产生是由于身体荷尔蒙水平的升高。

雌激素（estrogen）：荷尔蒙的一种，控制着女性的月经周期及其他身体功能。

输卵管（fallopian tubes）：一对细长的管道，卵巢内的卵子经输卵管到达子宫。

生殖器（genitals）：你的私密部位。

生长痛（growing pains）：发育高峰期肌肉、小腿、大腿出现的疼痛。生长痛是一类较常见的生理疼痛，通常间歇发作。

快速生长期（growth spurt）：身体迅速成长的一段时间，期间你的胳膊、腿、脚和手都会变得更大。

荷尔蒙（hormones）：你身体里的化学物质，对青春期的身体变化至关重要。

失眠症（insomnia）：难以入睡或睡眠不安的症状。

阴唇（labia）：外阴处内外两层皮肤皱襞。

冥想（meditation）：每天静坐几分钟，让自己的心思意念进入平静状态的练习。

绝经期（menopause）：女性上了年纪以后月经永远终止的时期。

月经（menstruation）：28天月经周期内的其中几天，血液和部分子宫内膜从阴道中排出。

近视（myopia）：能看清近处，看远处则模糊不清的一种眼科疾病。

乳头（nipples）：乳晕中央凸起的圆柱状部分。

卵细胞（ova）：储存在卵巢中的生殖细胞。卵细胞成熟后为卵子，每个月经周期只有一个卵细胞发育成熟。

卵巢（ovary）：一对囊状器官，是储存和排出卵子的地方。卵巢分泌荷尔蒙，预示着身体的其他变化将一一来临。

排卵（ovulation）：在月经来潮前，卵子由卵巢排出。

同辈压力（peer pressure）：当你的朋友或同学极力劝说你去做一件自己不太想做的事情时，你会感到同辈压力。

性早熟（precocious puberty）：有些女孩身体还没有完全做好准备，青春期就开始了。

经前综合征（premenstrual syndrome，简称PMS）：在月经来潮前一个礼拜或是几天，你可能会感到乳房酸胀，变得有点情绪化，感觉下腹重重的或胀胀的，有时候还会出现痉挛痛。

青春期（puberty）：从儿童期至成年期的过渡时期，身体逐渐趋于成熟并开始具有生育能力。

阴阜（pubic mound/mons pubis）：下腹部耻骨联合处，被皮肤和柔软的脂肪覆盖。

脊柱侧弯（scoliosis）：脊柱发生的侧向弯曲。

尿道口（urethral opening/urethra）：位于阴蒂下方的小孔，尿液通过尿道口排出体外。

子宫（uterus）：位于下腹部的中空的器官，形状像倒置的梨形。

阴道（vagina）：弹性柱状通道，下端是阴道口，上端连接其他体内的生殖器官。

外阴（vulva）：女性生殖器官的外露部分。

更多资源

青春期是一个过程,而本书仅仅是你了解青春期的一个开始。除了书中的信息,以下资源也可以在青春期旅程中给到你帮助。

第一章

纸质书

《女孩身体指南》

Dunham, Kelli. *The Girl's Body Book: Fourth Edition*. Kennebunkport, Maine: Applesauce Press, 2017.

网络资源

"关爱身体"网站

http://www.bodypositive.com/childwt.htm

该网站旨在探求帮助我们关爱身体、增长自信的方式。

青年女性健康中心

https://youngwomenshealth.org

由美国波士顿儿童医院青少年/青年医学科和妇科联合创办的青年女性健康中心,它是一个教育实体,在充分研究的基础上,致力于为少女及年轻女性提供健康信息、教育项目以及会议等。

"健康女孩"网站

https://www.girlshealth.gov/

该网站为女孩提供获取健康及福祉的信息。网站涵盖主题数以百计,从月经到反击霸凌,从运动到个人安全,内容非常全面。

第二章

纸质书

《秀发如丝:女孩养发护发指南》

Beaumont, Mary R. *The Hair Book: Care & Keeping Advice for Girls*. Middleton, WI: American Girl Publishing, Inc., 2016.

《青少年身体形象练习册:女孩如何在过度追求形象的世界里打造健康的身体形象》

Taylor, Julia V. and Melissa A. Wardy. *The Body*

Image Workbook for Teens: Activities to Help Girls Develop a Healthy Body Image in an Image-Obsessed World. Oakland, CA: Instant Help, 2014.

《聪明女孩自爱指南——即使在糟糕的日子里,也要努力爱自己》

Zelinger, Laurie and Jennifer Kalis. *A Smart Girl's Guide to Liking Herself, Even on the Bad Days*. Middleton, WI: American Girl Publishing, Inc., 2012.

网络资源

体型多样性与健康协会

https://www.sizediversityandhealth.org

该协会是一家非营利机构,致力于帮助不同体型的人们保持身体健康。该协会希望建立一个能够包容各类身材和体型的世界,在这个世界里人们不会因为体重问题受到歧视,肥胖和超重群体能够获得和他人一样的资源和行动指南,帮助他们收获健康和福祉。

第三章

纸质书

《女孩成长中的那些事:聊聊第一件内衣、第一次月经和你变化的身体》

Jukes, Mavis. *Growing Up: It's a Girl Thing: Straight Talk about First Bras, First Periods, and Your Changing Body*. New York: Alfred A. Knopf, 1998.

第四章
纸质书

《腰带以下：如何做骨盆区的女王》

Lavender, Missy, Jenifer Donatelli Ihm, and Jan Dolby. *Below Your Belt: How to Be Queen of Your Pelvic Region*. Chicago, IL: Women's Health Foundation, 2015.

《我是女孩：我正在变化的身体》

Metten, Shelley. *I'm a Girl: My Changing Body*. Anatomy for Kids, LLC, 2013.

第五章
纸质书

《月经手册：女孩成长指南》

Gravelle, Karen. *The Period Book: A Girl's Guide to Growing Up*. New York: Bloomsbury USA Childrens, 2017.

网络资源

护舒宝月经日历

https://always.com/en-us/period-calculator

这一经期跟踪工具能够帮你计算出数月的月经周期。

神奇女孩

https://magicgirl.me

这是第一款为青少年设计的经期跟踪手机应用程序。

天然、可重复使用卫生巾

新月卫生巾：https://www.newmoonpads.com

家园商店：http://homesteademporium.com

月亮卫生巾：https://lunapads.com

裤中伴侣：https://partypantspads.com

有很多地方售卖可重复使用的卫生巾。你可以多做做功课，选择最适合你的一款。这意味着你可能要做一些新的尝试——不过每个人的身体各不相同，你需要找到一款适合自己和自己身体的卫生巾。

第六章

纸质书

《儿童瑜伽》

Flynn, Lisa. *Yoga for Children*. Avon, MA: Adams

Media, 2013.

《正念大师：压力之下如何成为拯救自己的超级英雄》

Grossman, Laurie. *Master of Mindfulness: How to Be Your Own Superhero in Times of Stress*. Oakland, CA: New Harbinger Publications, Inc., 2016.

《聪明女孩健身运动指南：如何训练身体和心智》

Maring, Therese K. and Brenna Hansen. *A Smart Girl's Guide: Sports & Fitness: How to Use Your Body and Mind to Play and Feel Your Best*. Middleton, WI: American Girl, 2018.

《像青蛙一样静坐：儿童正念练习》

Snel, Eline. *Sitting Still Like a Frog: Mindfulness Exercises for Kids*. Boston, MA: Shambhala Publications, Inc., 2013.

网络资源

女孩快跑

https://www.girlsontherun.org

这是一家非营利机构，致力于打造这样一个世界：身处其中的女孩知道并能激发自己的无限潜能，并拥有勇敢逐梦的自由。跑步是激发和激励女孩的一种方式，鼓励女孩追求健康和健美，跑步带来的成就感能帮助女孩建立自信。

第七章

纸质书

《关于情感：关爱自己，保持好心情》

Madison, Lynda and Masse Josee. *The Feelings Book: The Care and Keeping of Your Emotions*. Middleton, WI: American Girl, 2013.

网络资源

"儿童健康"网站

http://kidshealth.org/en/kids/feeling

困惑，忧伤，疯狂，喜悦？登录"儿童健康"网站，了解各种各样的情绪，并学习如何应对自己的负面情绪。

附 录

文胸尺码

文胸尺码由两部分组成：罩杯和胸围。

我们先来看看如何计算罩杯尺寸。罩杯尺寸由上下胸围差决定，比如 A 罩杯上下胸围差是 7.5-10cm，B 罩杯上下胸围差是 10-12.5cm，以 2.5cm 差值类推 C、D、E。

测量时，将皮尺放在乳房下方和腹部连接的位置，水平环绕胸部一周，得到的厘米数就是你的下胸围尺寸。然后，将皮尺再次水平环绕胸部一周，不过这次要将皮尺放在胸部最丰满的位置，得到的是上胸围尺寸。用上胸围尺寸减去下胸围尺寸，得到的差值就是你的罩杯尺寸。

接下来，我们再来看看如何计算胸围。胸围分为国际尺码和英式尺码。国际尺码中的 65、70、75 等指的是下胸围标准，单位是厘米，而英式尺码 30、32、34 等指的是上胸围，单位是英寸。

那么问题来了，我们如何将英式尺码和国际尺码对应起来呢？我们只需要将英式尺码数乘2.5再减5就可以了。举例说明，英式尺码30换算成国际尺码是70，就是用30×2.5-5计算出来的。

附表：文胸尺码表（单位：厘米）

	62-67	67-72	72-77	77-82	82-87	87-92	92-97
0-7.5	65AA	70AA	75AA	80AA	85AA	90AA	95AA
7.5-10	65A	70A	75A	80A	85A	90A	95A
10-12.5	65B	70B	75B	80B	85B	90B	95B
12.5-15	65C	70C	75C	80C	85C	90C	95C
15-17.5	65D	70D	75D	80D	85D	90D	95D
17.5-20	65E	70E	75E	80E	85E	90E	95E

致 谢

于我而言，写作本书如同重走一遍青春期的喧嚣之路，这的确是一次不同寻常的旅程。祈愿我的努力可以帮助到至少一个女孩，能够让她在成长过程中不再为自己的身体感到羞耻。感谢新西兰新社群的帮助，如果没有你们我绝无可能完成本次旅程。感谢艾莉娜、曼蒂、罗德、琳恩、马修和布莱恩，你们为我提供安静美丽的住所，给予我足够的空间使我得以在新西兰完成写书工作。感谢齐塔兰基·卡梅伦，写书期间你一直为我加油鼓劲，还教会我书的毛利语"pukapuka"。还有我的家人和朋友，你们更是令我感激不尽，你们与我视频聊天，介绍我看电视剧《马可·波罗》，这些如巫术一般的科技确实减轻了我写作时的孤独感。最后，我要感谢数百万的女孩，你们在每一个醒来的日子里都在身体力行地爱自己，尽管在当今世界里要做到这一点真的很不容易。我真是非常非常爱你们！

图书在版编目（CIP）数据

女孩青春期成长指南 /（美）索尼娅·蕾妮·泰勒
(Sonya Renee Taylor) 著；（美）凯特·布伦南
(Cait Brennan) 插画；牛斐斐译. — 上海：上海社会
科学院出版社, 2021
　书名原文：Celebrate Your Body
(and Its Changes, Too!): The Ultimate Puberty Book
for Girls
　ISBN 978-7-5520-3394-6

　Ⅰ.①女… Ⅱ.①索… ②凯… ③牛… Ⅲ.①女性－
青春期－健康教育 Ⅳ.① G479

　中国版本图书馆 CIP 数据核字（2020）第 261020 号

Copyright © 2018 by Sonya Renee Taylor
Illustration © Cait Brennan, 2018
First published in English by Rockridge Press, an imprint of Callisto Media, Inc.
The simplified Chinese translation rights arranged through Rightol Media（本书中文简体版权经由
锐拓传媒取得，E-mail: copyright @rightol.com）.
Simplified Chinese edition copyright © 2021 by Beijing Green Beans Book Co., Ltd.
All rights reserved.
上海市版权局著作合同登记号：09-2020-1160

女孩青春期成长指南

著　　者：（美）索尼娅·蕾妮·泰勒（Sonya Renee Taylor）
插　　画：（美）凯特·布伦南（Cait Brennan）
译　　者：牛斐斐
责任编辑：杜颖颖
特约编辑：贺　天
封面设计：page11
出版发行：上海社会科学院出版社
　　　　　上海顺昌路 622 号　　邮编 200025
　　　　　电话总机 021-63315947　　销售热线 021-53063735
　　　　　http://www.sassp.cn　　E-mail:sassp@sassp.cn
印　　刷：北京彩和坊印刷有限公司
开　　本：889 毫米 ×1194 毫米　1/32
印　　张：5.5
字　　数：90 千字
版　　次：2022 年 1 月第 1 版　2022 年 1 月第 1 次印刷

ISBN 978-7-5520-3394-6/G·1046　　　　　　　　　　　　定价：49.80 元

版权所有　翻印必究